AF367436

BALONCESTO

NEUROCIENCIA APLICADA AL PASE

Concepto y 50 tareas para su entrenamiento

Grupo IAFIDES

Título: BALONCESTO. NEUROCIENCIA APLICADA AL PASE. CONCEPTO Y 50 TAREAS PARA SU ENTRENAMIENTO
Autor: GRUPO IAFIDES
Corrección del texto: MANUELA CASTILLO SOLER

Editorial: WANCEULEN EDITORIAL
Sello Editorial: WANCEULEN EDITORIAL DEPORTIVA

ISBN (Papel): 978-84-18486-62-3
ISBN (Ebook): 978-84-18486-63-0

DEPÓSITO LEGAL: SE 1866-2020

Impreso en España. 2020

WANCEULEN S.L.
C/ Cristo del Desamparo y Abandono, 56 - 41006 Sevilla
Dirección web: www.wanceuleneditorial.com y www.wanceulen.com
Email: info@wanceuleneditorial.com

ÍNDICE

INTRODUCCIÓN

En la iniciación al mundo del entrenamiento es muy usual intentar encontrar una receta o una fórmula que resuelva nuestras necesidades y que cubra las posibles lagunas que tengamos en nuestro conocimiento o en nuestra capacidad.

La complejidad y diversidad del juego hacen que haya que tener un conocimiento del mismo para su enseñanza y para su aprendizaje en algunos casos.

Este libro con tareas no pretende ser una respuesta matemática a las necesidades que pueda tener un entrenador para encontrar soluciones a los problemas que se le planteen. La intención es poder manejar recursos, adaptarlos a nuestra realidad de entrenamientos y que puedan introducirnos y orientarnos a conseguir en el entrenamiento los objetivos pretendidos.

He reducido el uso de material para simplificar y poder llegar a cualquier nivel de recursos y que puedan ser llevadas a cabo en cualquier realidad, sin necesidad de unos materiales que dificulten su realización.

Existen distintos tipos de tareas para la mejora del dominio colectivo de cualquier medio que queramos que nuestro equipo maneje durante el desarrollo de los partidos. Atendiendo a la metodología empleada, la duración, los espacios, el número de jugadores... pueden variar para satisfacer nuestro modelo de juego.

A continuación, seleccionaré distintas tareas, desde las más simples a las de mayor complejidad, para poder trabajar el pase dentro de las tareas y que puedan formar parte de distintos modelos de juego ya que, atendiendo a las pretensiones de cada entrenador y a la metodología a emplear, cada uno debe introducirlas donde considere oportuno. Estas tareas carecen de un contexto y de una estrategia operativa, para los cuales necesitarán adaptación por parte del entrenador a todas las variables que crea que pueden tener incidencia en el desarrollo del juego de su equipo y a las características del mismo.

En este libro se indicarán el número de jugadores y la división y distribución de los espacios. No obstante, para que la tarea se adapte a cada equipo, estado físico de los jugadores, modelo de juego y metodología, cada entrenador la deberá adaptar en cuanto a metros las distancias, los espacios e incluso en número de jugadores en algunos casos para tener un mejor desarrollo con su equipo.

Las tareas no tendrán límites de contactos para conseguir nuestro objetivo, ya que habrá jugadores que necesiten o decidan utilizar un número mayor por necesidades del juego, por condiciones técnicas o por condicionantes físicos de desarrollo. No obstante, al ser tareas abiertas, el entrenador podrá condicionarlas si lo cree necesario u oportuno para conseguir los beneficios pretendidos conociendo la realidad a la que las va a exponer.

EL PASE EN BALONCESTO

Es la acción de trasladar el balón hacia otros compañeros que se encuentran estáticos o en desplazamiento.

Existen multitud de clasificaciones de los diferentes tipos de pases en baloncesto atendiendo a la mecánica de ejecución, si se realiza con una o dos manos, si le llega directo al compañero o con un bote previo, dependiendo de la altura a la que se realiza o la distancia a la que está el compañero que va a recepcionarlo, ...

La neurociencia es un área científica que estudia del sistema nervioso en todo su ámbito. La neuroeducación es la aplicación de la neurociencia al aprendizaje y estudia cómo funciona el sistema nervioso cuando aprendemos. La neurociencia educativa estudia el proceso por el que nuestro cerebro aprende basándose en la genética, el entorno y la experiencia, junto con los procesos cognitivos y emociones y, además, estudia qué sentimientos influyen en el aprendizaje.

Hay una tendencia educativa muy fuerte afianzada en estos conceptos y cada día se ve más reflejada en la enseñanza del deporte, aunque que mal entendida puede llevar a errores y a no conseguir los resultados pretendidos.

El proceso de la toma de decisión es:

Pero en deportes como el baloncesto, en el que se toman muchas decisiones en cada acción, la realidad es cambiante y el jugador está sometido a estrés competitivo en su desarrollo y aprendizaje (aparecen la testosterona y el cortisol) y el mecanismo de nuestro cerebro tiene que responder a las distintas situaciones sin posibilidad de pensar cuál es la mejor solución. La experiencia y el control de las emociones hará que el mecanismo sea:

Entenderemos por estímulo la percepción de lo que está sucediendo, usando los sentidos para decidir con mayor pericia, pero sin la posibilidad de reflexionar para dar una respuesta.

El foco de atención hay que ponerlo en lo importante y ser selectivo, esa capacidad es importante para el desarrollo de los jugadores.

Para desarrollar la neuroplasticidad se necesita de distintos tipos de memoria:

- Memoria declarativa: capacidad de recordar eventos, números, estímulos sensoriales y relatorios.
- Memoria de procedimiento: capacidad de ejecutar acciones motoras complejas aprendidas con anterioridad.

Los entrenadores tenemos que buscar desarrollar una inteligencia resolutiva.

Cualquier acción que se realice en un partido de baloncesto requiere una interpretación de lo que está sucediendo, pero no puede ser reflexiva. No existe tiempo para valorar. Si el jugador se para a reflexionar y a valorar perderá cualquier tipo de ventaja que pueda tener ante una situación determinada. Los entrenadores tenemos que darles herramientas para que su ejecución sea eficaz y para que el jugador sea eficiente. Digo eficaz porque los pases son igual de válidos de una manera que de otra siempre que no se incumpla el reglamento en su ejecución y lleguen al compañero.

El jugador tiene que estar en condiciones óptimas para competir y poder rendir durante los partidos. Si un jugador falla un pase en un partido no sólo tiene que ser porque sea malo técnicamente o porque no lo haya ejecutado bien; puede ser porque se puso nervioso ante la presión del rival y se precipitó, porque el compañero se desmarcó tarde, porque eligió a un compañero que estaba marcado, porque el rival se anticipó a su acción...

¿Cómo corregimos esto?

Parar a los dos equipos en una simulación de la acción en la que se le explique al jugador en cuestión cómo o dónde tenía que haber ejecutado el pase se considera una pérdida de tiempo y de energías que no produciría ninguna mejora en el jugador ni en el equipo. Hay que darle un *feedback* rápido y conciso y seguir con lo siguiente. Igualmente, después de esto, poner a un jugador enfrente de otro (vis a vis) y hacer un alto número de repeticiones de pases para la corrección de lo sucedido en busca de una mejora del juego colectivo sigue siendo poco útil. Las situaciones rutinarias se olvidan.

Se aprende a pasar equivocándonos en el pase, y pasando una y otra vez en distintas situaciones, lo importante no es que el pase esté bien ejecutado en cuanto a unos patrones de ejecución del gesto técnico (que es lo que queríamos), lo importante es que, cuando lo falle, lo recupere pronto o cómo le pedimos que lo recupere para poder tener otra posibilidad de pasar el balón y conseguir que llegue al compañero que era el objetivo, por ejemplo.

Entonces, tenemos que preparar al jugador para que sea capaz de resolver todas las acciones del juego, porque a lo mejor lo que estuvo mal ("con el periódico del lunes") no es el pase, sino que no debió pasar para seguir manteniendo el balón y atraer a los rivales, creyó que el jugador al que le pasó estaba desmarcado y no era así... Con lo cual, tenemos que preparar a los jugadores para que sean capaces de resolver las situaciones de juego.

La tendencia para corregir un error es aislarlo y trabajarlo de manera aislada para la mejora del rendimiento, pero la experiencia y el entendimiento del juego como una realidad única indisoluble hace pensar que nos acerca más al error porque no produce una mejora en el juego colectivo, sino una mejora de una acción aislada, que nunca más se volverá a repetir durante la vida deportiva del jugador.

En la búsqueda de la perfección de los modelos de juego, los entrenadores tendemos a desmenuzar el juego con principios, subprincipios, subsubprincipios... que nos hacen explicar cómo juega nuestro equipo y esto hace que en muchas ocasiones nuestros entrenamientos se pierdan en la mejora de factores técnicos aislados que pensamos que son los que hacen errar a los jugadores aunque puede ser, por poner un ejemplo, que nuestro modelo de juego les esté pidiendo a nuestros jugadores cualidades técnicas que no les pertenecen, que no son las que les hacen mostrar su talento o que la decisión no haya sido la adecuada.

En etapas de formación nos gusta enseñarles a los jóvenes jugadores cómo es la ejecución del pase de pecho y hacer esa demostración *"que saca a relucir esa calidad técnica que tenemos todos los entrenadores, muy superior a la de nuestros jóvenes aprendices"*.

El jugador de baloncesto bueno que todos queremos tener en nuestro equipo es el que sabe cuándo tiene que hacer un pase en vez de conducir, el que pasa "bien" al compañero, el que interpreta la acción de un compañero, el que se anticipa al juego del contrario..., en definitiva, el que toma bien las decisiones sobre el terreno de juego.

En baloncesto es igual de válido un pase largo con una mano que con las dos manos siempre y cuando llegue en buenas condiciones al compañero (con ventaja). Puede no ser igual de estético según los patrones motrices del pase largo, pero si el jugador puede ejecutarlo con destreza y consigue su objetivo de manera habitual... ¿por qué no?

Cuando entrenamos o preparamos a nuestros equipos tenemos que diseñar nuestras sesiones de entrenamiento. Hoy en día se hacen multitud de tareas intentando "perturbar" la decisión para condicionar al jugador en su toma de decisión; se utilizan varios "recursos" como cambiarle el color en el último momento que le indica dónde tiene que pasar, decirle un número para que tenga que desplazarse hacia un lugar, tocar el silbato y finalizar la jugada... Y yo me pregunto por qué en un "juego" como el baloncesto, en el que intervienen tantos factores, que queremos que el jugador domine y sepa interpretar en cada momento, los estímulos que utilizamos para que el jugador ejecute no tienen nada que ver con el juego.

Durante el juego se coordinan diferentes procesos cognitivos de manera simultánea con la visión periférica.

La visión periférica es importante, pero saber poner el foco en lo relevante es clave para la correcta toma de decisión. Existe un gran número de trabajos aplicados desde el área física, en su mayor parte, que utilizan estas teorías y estos artículos científicos sobre el aprendizaje en los entrenamientos, pero muy alejados del juego.

En todas las facetas del entrenamiento se intentan copiar procedimientos de otros deportes que a lo mejor están más avanzados o tienen un mayor grado de estudio y demuestran transferencia. Las situaciones no se repiten nunca en el juego, no hay dos pases iguales en un partido, no hay dos tiros iguales en un partido, no hay dos ataques iguales en un partido... Entonces, si estamos de acuerdo en esto, ¿no sería mejor preparar a nuestro equipo para que sepa reaccionar mejor ante las situaciones que se dan en el juego y ante estímulos que tengan que ver con este y no con colores, números, palmadas, pitido del silbato...? Existen muchas dudas de que en un entrenamiento el hecho de que un jugador "vea el rojo y se desplace hacia donde está el color rojo", tenga algo que ver con el juego, con su preparación y con su mejora como jugador. Mejorará capacidades del individuo, pero no entiendo que mejore como jugador. Es como si pensáramos que a un atleta de 50 metros lisos le va a producir una mejora de su rendimiento en la competición saltar hacia el lugar rojo después de ver ese color.

Además de esto, nos encontramos con una variable más que, en nuestro intento por "perturbar" el juego al jugador, nos lleva a querer inventar, hasta el punto de que no somos conscientes de que estamos "desentrenando" a nuestros jugadores. ¿Qué pasa en un partido cuando suena un silbato? Pues que se pone en juego el balón o que se tiene que detener el juego. Y si nosotros usamos el silbato para cambiar de zona de juego, para tirar a canasta, para pasar el balón... estamos utilizando un estímulo que el jugador tiene que identificar durante el partido para sacar rápido, pararse... para algo que no le va a ser útil después e, incluso, puede crearle alguna confusión en edades tempranas.

Con esto no quiero decir que no se hagan juegos de activación, que no se hagan este tipo de tareas que nos pueden servir para entretener a los jugadores o como dinámicas de equipo, sólo expreso que, si queremos entrenar baloncesto y sacar mayor rendimiento a los entrenamientos, los que no disponemos de muchas horas para poder entrenar a nuestros equipos tenemos que intentar que nuestras tareas tengan la mayor transferencia al juego posible.

Siempre será mejor trabajar para que nuestro equipo en una tarea pase a atacar cuando pierda el balón el equipo contrario, pase cuando haya un movimiento de desmarque del compañero, presione cuando el equipo contrario llegue a una zona… y conseguiremos mayor transferencia al juego o a nuestro juego, según el equipo donde estemos, la edad o capacidad de los jugadores que entrenemos y el modelo de juego que queramos desarrollar con nuestro equipo.

Se podría argumentar que estos estímulos intentan "molestar" al jugador para entrenar la capacidad de enfocarse en lo que está haciendo. Estímulos que nunca se va a encontrar en un partido.

¿Y si lo ponemos a pasar el balón ante jugadores que se intentan desmarcar? Unos lo conseguirán y otros no. El jugador tendrá que identificar el estímulo al que tiene que reaccionar (jugador bien desmarcado) y pasarle el balón con ventaja para recibir descartando todos los demás estímulos (desmarques que no se consiguieron). Y si además el jugador pasa ante la presión de un jugador, se cruzan jugadores por medio, colocamos una canasta para que el jugador que reciba el pase finalice, si falla el pase tendrá que presionar para volver a pasar… podremos aumentar la carga cognitiva de lo que estamos entrenando, utilizando elementos del juego. Estímulos ante los que tendrá que reaccionar y dar una respuesta o descartar.

De esta manera, conseguiríamos contextualizar las acciones, hasta el punto que lo consideremos necesario y se atienda al nivel de los jugadores a los que vayamos a exponer las tareas. Controlando y adaptando las cargas cognitivas.

Hay que intentar como entrenadores que el entrenamiento sea un medio facilitador del aprendizaje.

Nuestro objetivo como entrenadores es ayudar a nuestros jugadores en su proceso de aprendizaje, bien sea en formación o en alto rendimiento, compitiendo. Durante un partido en baloncesto, por mucho que intentemos que la competición sea lo más sana y educativa posible en su iniciación, compites con un rival para ganarle, porque es inherente al juego mismo. Los estímulos y las respuestas tienen que estar encaminados al aprendizaje del jugador y tienen que tener estrecha relación con lo que puede pasar en un partido para que el aprendizaje sea significativo, bien sea una situación en la que la respuesta siempre sea la misma (por ejemplo, pasar) y que la decisión sea cómo pasar (picado o sin bote) o bien una situación en la que haya muchas respuestas (contraataque) y muchas posibles decisiones dentro de esa respuesta (puede haber infinitas en la ejecución).

Para ello, la complejidad de la tarea irá estrechamente relacionada con la capacidad de aprendizaje y el desarrollo de las capacidades del jugador o del equipo.

Las tareas más analíticas en el aprendizaje, para las mejoras de los gestos técnicos como tales, deben llevar una toma de decisión para su eficiencia, ya que enseñar los gestos técnicos disociados de todas las variables del juego preparan al jugador para tener destreza en una acción determinada, a una distancia determinada, aplicando la misma fuerza y sin ninguna toma de decisión y los jugadores están constantemente tomando decisiones en un partido por la realidad cambiante del juego. Por ejemplo, dos jugadores, uno enfrente de otro, pasando la pelota a cinco metros de distancia es una tarea o ejercicio que sólo le producirá al jugador una mejora del pase a esa distancia precisa y el aprendizaje carecerá de mejora cognitiva alguna. Mientras que ese pase, si el compañero está variando la distancia, modificando la velocidad a la que se mueve, devolviéndole el balón a distintas alturas, moviéndose entre conos, cambiando de espacios,... o cualquier otra variable que haga que la repuesta sea siempre la misma (que consistirá en pasar), la decisión de la ejecución será distinta y el proceso de aprendizaje llevará una carga cognitiva mayor y esto repercute directamente en la mejora del jugador en cuanto a sus respuestas en el juego.

Los condicionantes espaciotemporales, humanos y reglados de las tareas tendrán estrecha relación con el juego, no puede ser un condicionante para el jugador una cuerda para marcar la altura del pase, el condicionante debe tener relación con el juego, por ejemplo, poner un rival entre él y el compañero al que va a pasar e ir adaptando los espacios y número de jugadores al proceso de aprendizaje y al jugador o los jugadores.

En las siguientes tareas los estímulos e indicadores para pasar serán estímulos e indicadores propios del juego para identificarlos en cada momento. Realizar un pase después de un estímulo auditivo (voz del entrenador, silbato...) o cualquier otro que no tenga nada que ver con lo que pueda pasar en un partido (mostrar un color, aviso del entrenador o de un compañero,...) nos ayudarán a realizar las tareas, pero no a utilizar con la destreza específica el pase y a desarrollar el aprendizaje en el jugador; con lo cual, los estímulos, indicadores o recursos utilizados tendrán transferencia al juego y podrán ser adaptados por el entrenador atendiendo a la realidad a la que los vaya a exponer.

SIMBOLOGÍA

Jugadores Equipo A	○
Jugadores Equipo B	●
Jugadores Equipo C	○
Desplazamiento sin balón	- - - →
Desplazamiento del balón	⟶
Conducción del balón	〰→
Desplazamiento del balón por alto	⤵
Lanzamiento a portería	➡
Balón	⚽

NEUROCIENCIA APLICADA AL PASE EN BALONCESTO

50

TAREAS PARA SU ENTRENAMIENTO

Tarea N° 1	Objetivo Principal	Mejora del pase
	Jugadores	2

Explicación

Los jugadores se pasan el balón por parejas y hacia la derecha o la izquierda del cono o la silueta atendiendo a donde se "desmarque" el compañero.

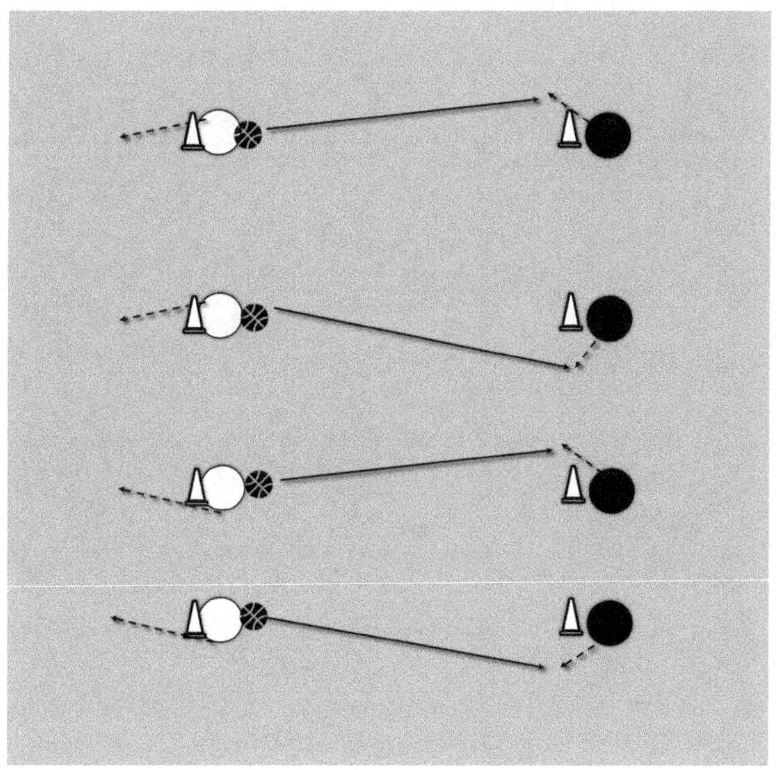

Tarea N° 2	Objetivo Principal	Mejora del pase
	Jugadores	2

Explicación

Los jugadores se pasan el balón por parejas y en corto o en largo, partiendo del cono o la silueta atendiendo a donde se "desmarque" el compañero que no tiene balón.

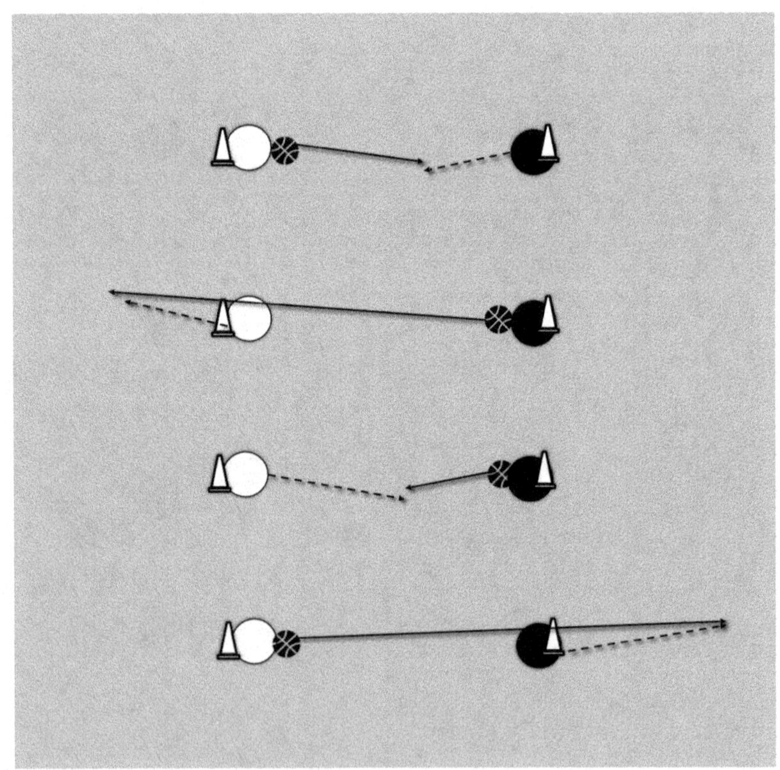

Tarea N° 2	Objetivo Principal	Mejora del pase
	Jugadores	3

Explicación

Los jugadores pasan el balón y presionan al jugador de enfrente que recepciona para que no pueda pasar al otro jugador. El jugador que recepciona, busca línea de pase para pasar al compañero.

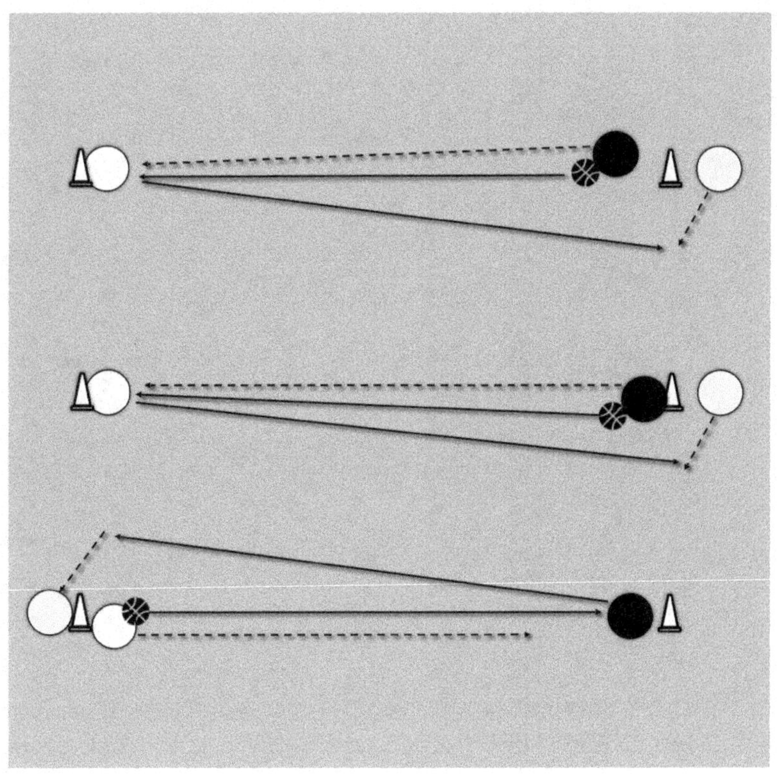

Tarea N° 4	Objetivo Principal	Mejora del pase
	Jugadores	7

Explicación

Los jugadores situados como en la imagen, siguen la siguiente secuencia de pases. 1-2-1-3-4-5-4-6-7. Partiendo siempre por detrás del cono o silueta, al que se adelantan, salen por la derecha o la izquierda bien perfilados para recibir y pasar al compañero por donde se "desmarque".

La rotación será 1-2-3-4-5-6-7.

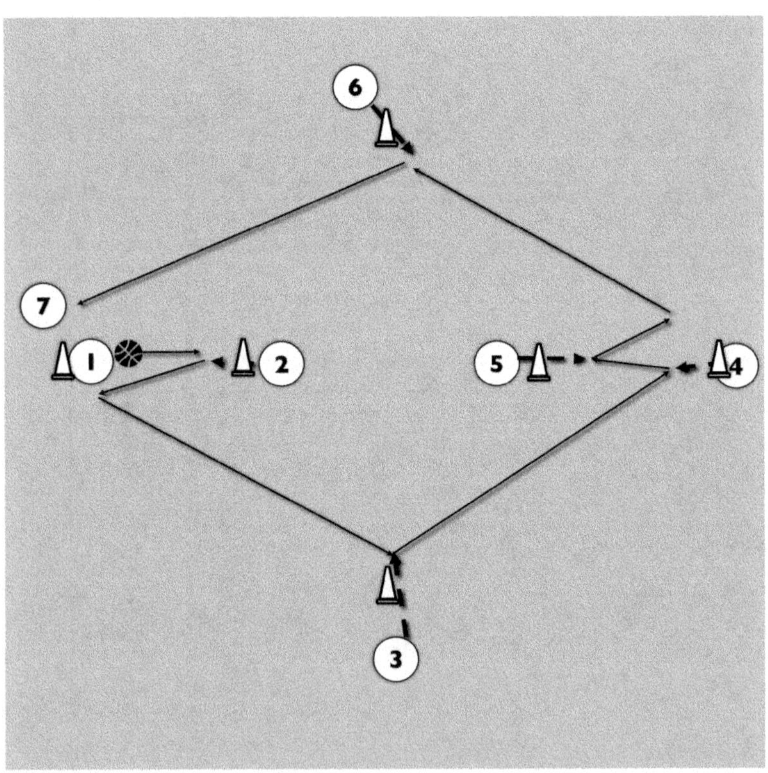

Tarea N° 5	Objetivo Principal	Mejora del pase
	Jugadores	5

Explicación

Un jugador en el cuadrado y los otros cuatro tras los conos o siluetas menos uno que "se desmarca", recibe del que está en el cuadrado, le devuelve el balón y vuelve a su lugar, se desmarca otro y el del centro pasa siempre al desmarcado (que no sabrá cual es).

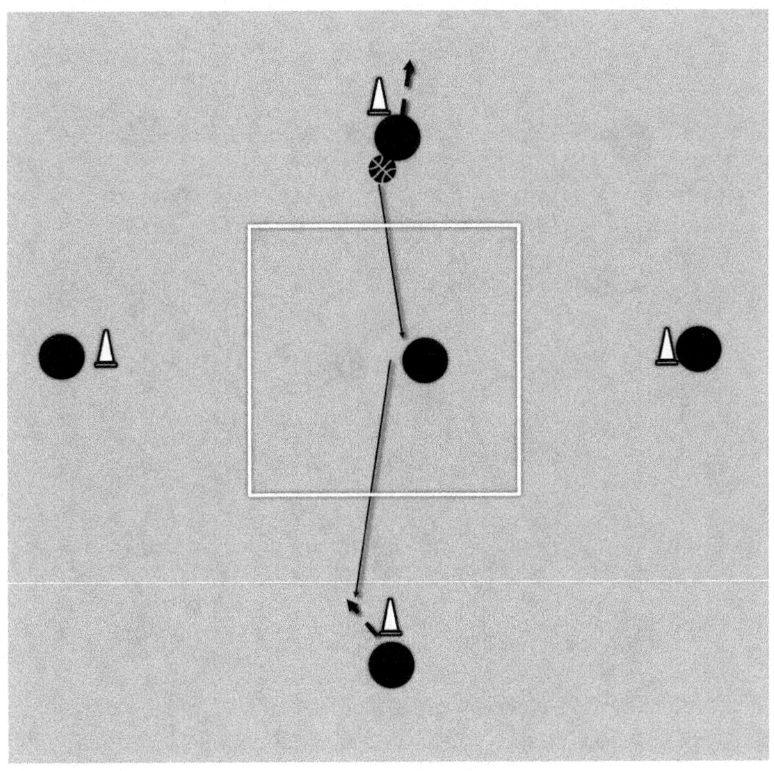

Tarea N° 6	Objetivo Principal	Mejora del pase
	Jugadores	11

Explicación

Un jugador en el cuadrado y los compañeros fuera estarán en cada lado todos marcados menos uno. Cuando reciba tendrá que volverse y pasar al compañero que esté libre de marca, que le devolverá el balón para que se de la vuelta y pase al compañero que esté libre. Los jugadores libres de marca irán variando.

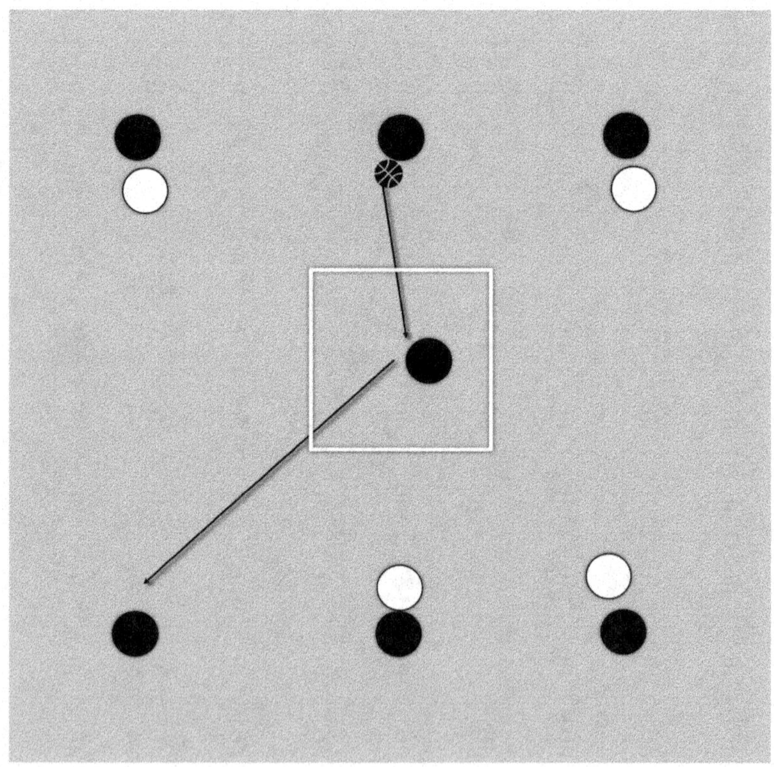

Tarea N° 7	Objetivo Principal	Mejora del pase
	Jugadores	15

Explicación

Un jugador en el cuadrado y los compañeros fuera estarán marcados menos dos (el que le pasó el balón y otro). Cuando reciba tendrá que pasar al compañero que esté libre de marca, que le devolverá el balón para que pase al nuevo compañero que esté libre. Los jugadores libres de marca irán variando de manera aleatoria.

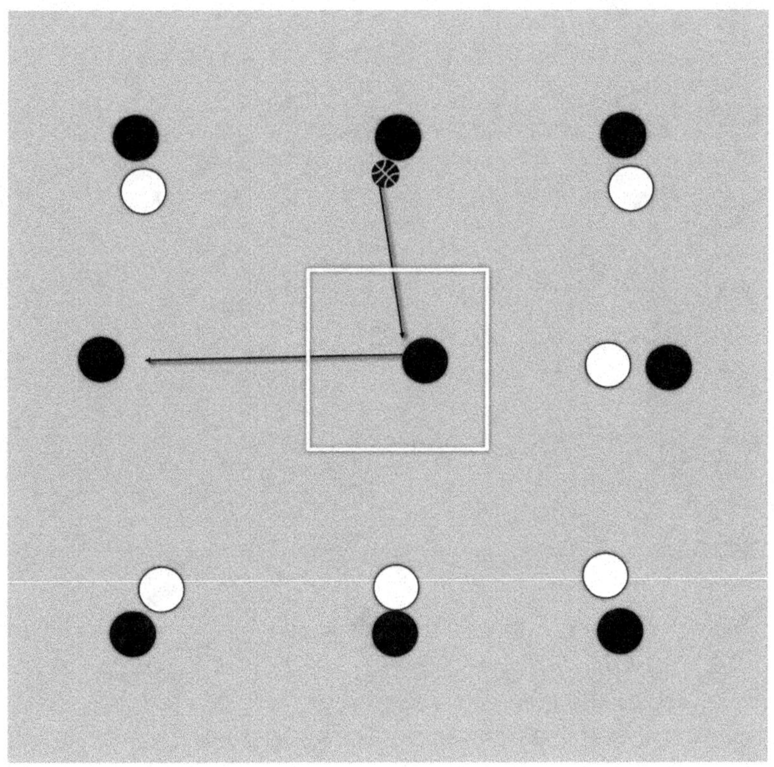

Tarea N° 8	Objetivo Principal	Mejora del pase
	Jugadores	17

Explicación

Un jugador en el cuadrado y los compañeros fuera estarán marcados menos dos, (el que le pasó el balón y otro) que estarán desmarcados. Cuando reciba tendrá que pasar al compañero que esté libre de marca, que le devolverá el balón para que pase al nuevo compañero que esté libre. Los jugadores libres de marca irán variando de manera aleatoria coordinados por el entrenador..

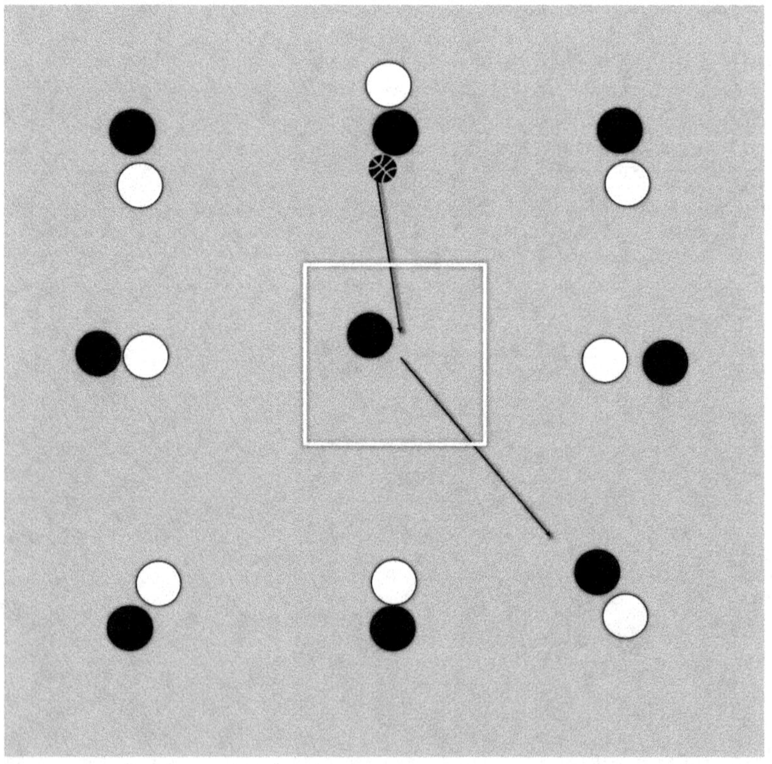

Tarea N° 9	Objetivo Principal	Mejora del pase
	Jugadores	17

Explicación

Un jugador en el cuadrado y los compañeros fuera estarán marcados menos el que le pasará el balón. Un jugador del equipo contrario (blanco) dejará su marca e irá a presionarle liberando a un compañero al que le pasará el balón (el del centro) cuando lo reciba. Los jugadores libres de marca irán variando y el que ha ido a presionar volverá a su marca cuando reciba el jugador del centro.

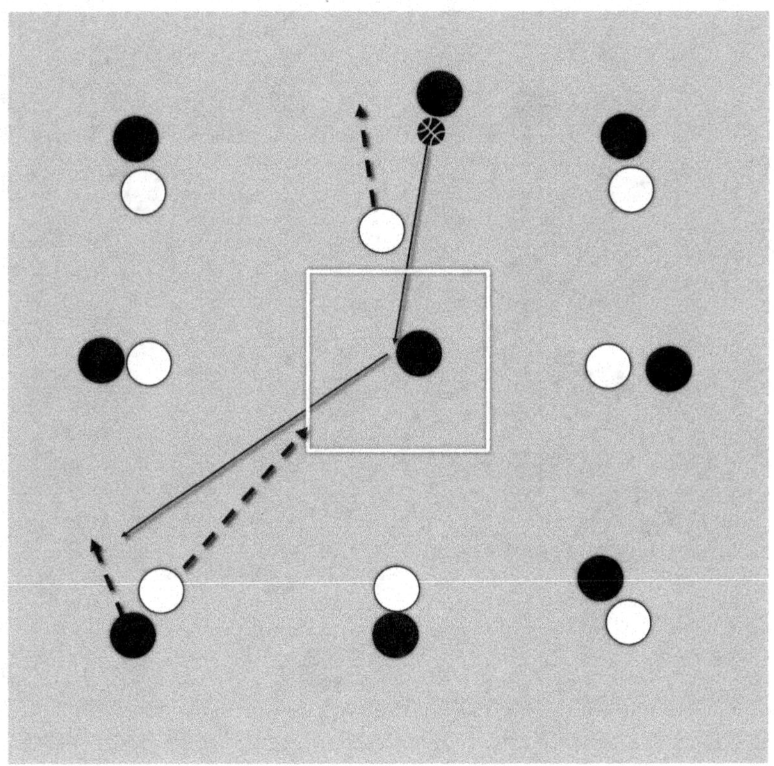

Tarea N° 10	Objetivo Principal	Mejora del pase
	Jugadores	15

Explicación

Un jugador en el cuadrado y los compañeros estarán fuera moviéndose con marcas individuales e intentando desmarcarse. El jugador del centro pasará al jugador que consiga desmarcarse, si recibe cambiaran los roles.

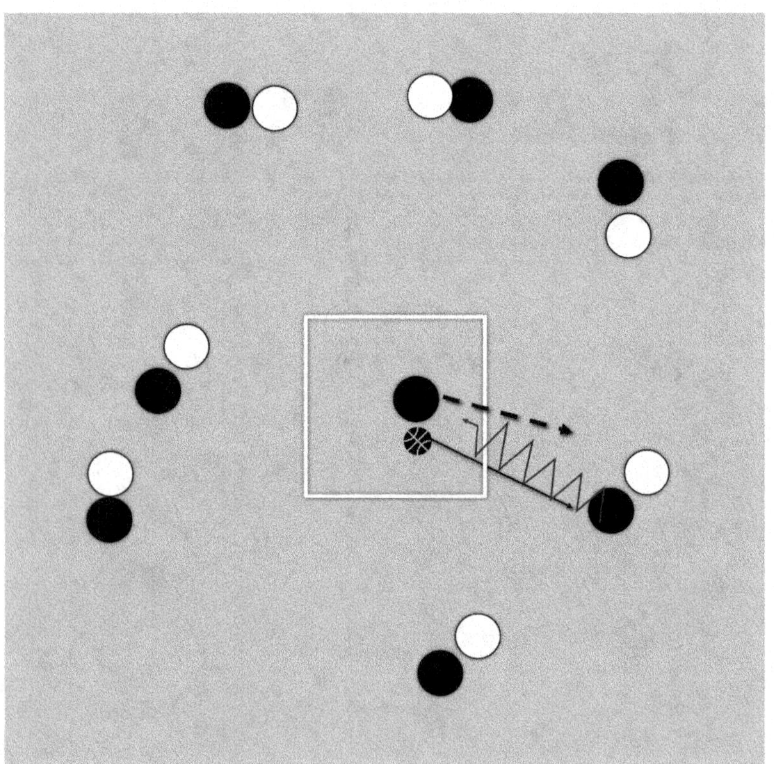

Tarea N° 11	Objetivo Principal	Mejora del pase
	Jugadores	15

Explicación

Un jugador en el cuadrado y los compañeros estarán fuera moviéndose con marcas individuales. Cuando un jugador del equipo rival entre en el cuadrado para quitarle el balón pasará al compañero liberado que se desmarcará para recibir y cambiarán los roles cuando reciba.

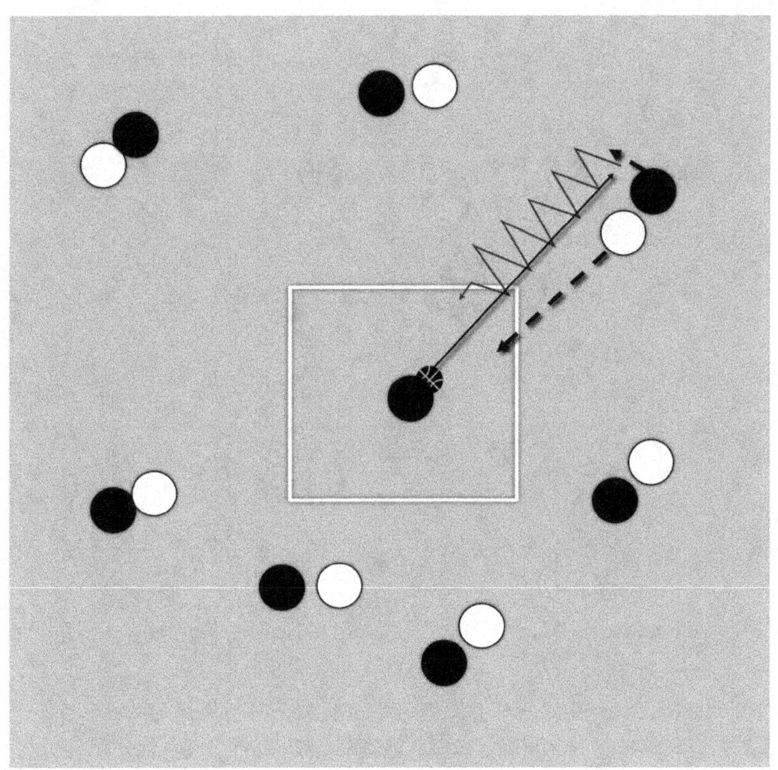

Tarea N° 12	Objetivo Principal	Mejora del pase
	Jugadores	13

Explicación

Un jugador en el cuadrado y los otros jugadores colocados en la disposición de la imagen. Cuando pasan el balón al jugador del cuadrado un jugador se desmarca de apoyo o de ruptura (en corto o en largo) y tiene que pasarle el balón el jugador del cuadrado, le devuelve el balón, se vuelve a su sitio y se desmarca otro jugador. Los jugadores irán alternando quién se desmarca y hacia donde de manera aleatoria.

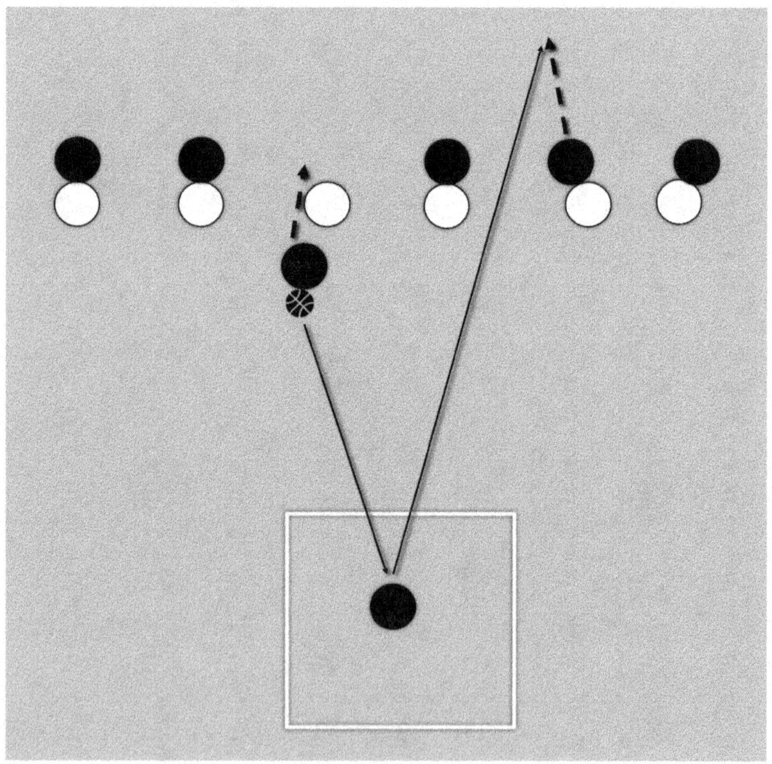

Tarea N° 13	Objetivo Principal	Mejora del pase
	Jugadores	15

Explicación

Un jugador en el cuadrado y los otros jugadores colocados en la disposición de la imagen. Cuando pasan el balón al jugador del cuadrado un jugador se desmarca de apoyo o de ruptura (en corto o en largo) y tiene que pasarle el balón el jugador del cuadrado, recibe, pasa el balón al jugador del cuadrado, vuelve a su sitio y se desmarca otro jugador. Los jugadores irán alternando quién se desmarca y hacia donde. Cuando el jugador recibe en el cuadrado un jugador de los vértices irá a presionar para que no pueda pasar, alternando en cada acción el que lo hace.

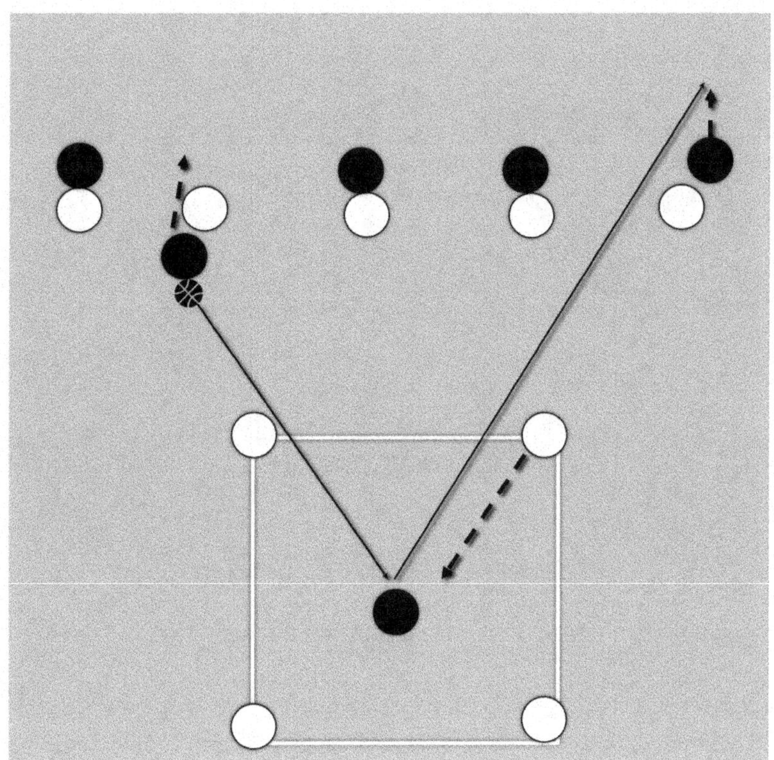

Tarea N° 14	Objetivo Principal	Mejora del pase
	Jugadores	4

Explicación

En la disposición de la imagen. Los jugadores pasan el balón y van a ocupar el ángulo que esté libre. Los jugadores deben estar bien perfilados siempre y en disposición de recibir.

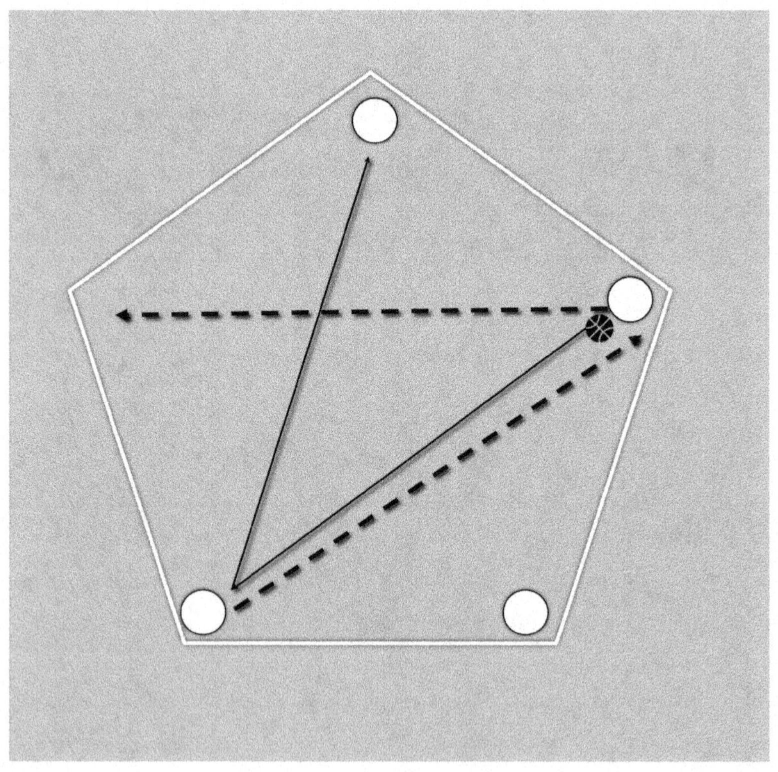

Tarea N° 15	Objetivo Principal	Mejora del pase
	Jugadores	5

Explicación

En la disposición de la imagen. Los jugadores pasan y se van a ocupar el lado libre. Los jugadores deben estar colocados siempre en disposición de recibir y bien perfilados.

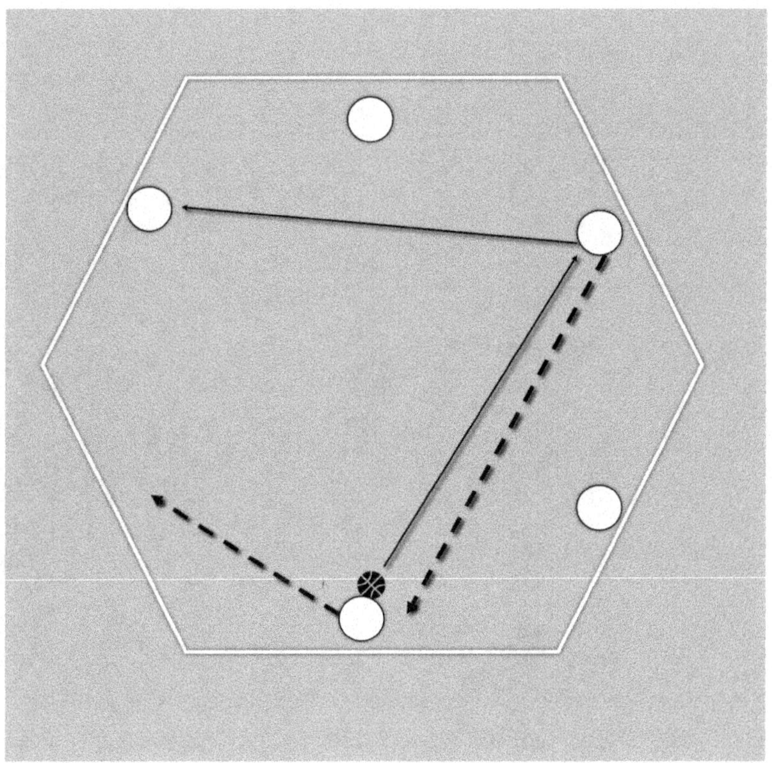

Tarea N° 16	Objetivo Principal	Mejora del pase
	Jugadores	3 (2x1)

Explicación

Los jugadores situados como en la imagen se pasarán el balón entre ellos y en el centro un jugador intentará interceptar el pase pudiendo moverse de manera lateral en el pasillo.

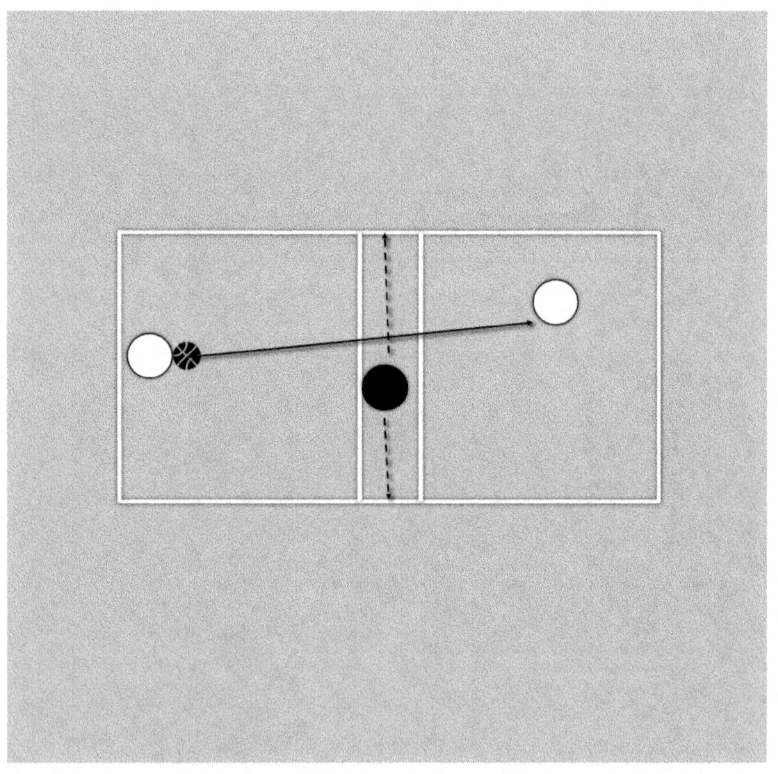

Tarea N°17	Objetivo Principal	Mejora del pase
	Jugadores	3 (2x1)

Explicación

Los jugadores situados como en la imagen. Pasarán el balón al compañero cuando el jugador del pasillo entre en el cuadrado para robar. Si recupera o intercepta, cambiarán los roles.

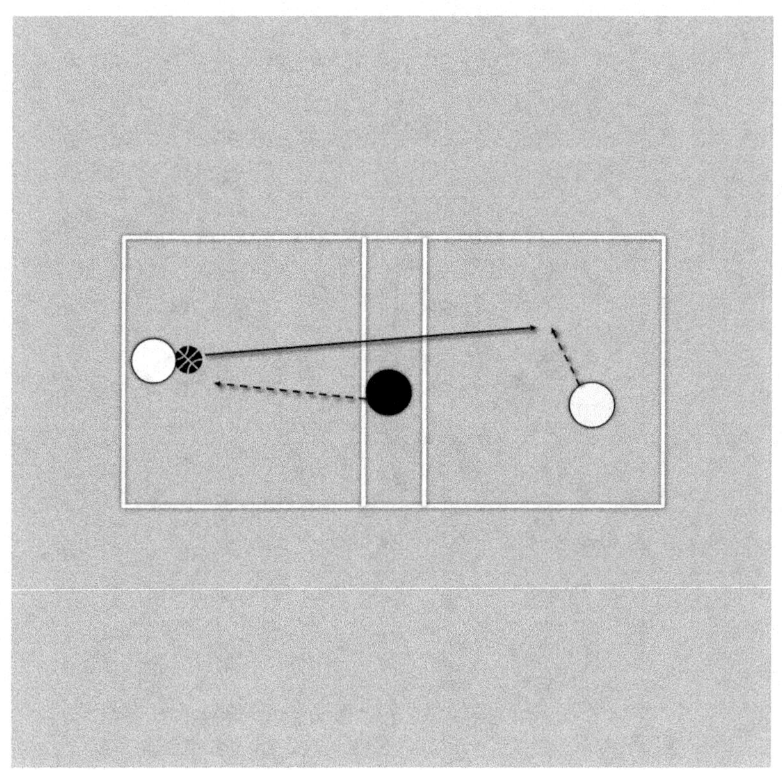

Tarea N° 18	Objetivo Principal	Mejora del pase
	Jugadores	4 (2x2)

Explicación

Los jugadores situados como en la imagen se pasarán el balón entre ellos, en el centro un jugador intentará interceptar el pase pudiendo moverse de manera lateral en el pasillo y otro presionará cuando reciban. El jugador que presiona en un cuadrado, intercepta desde el centro cuando el balón esté en el otro.

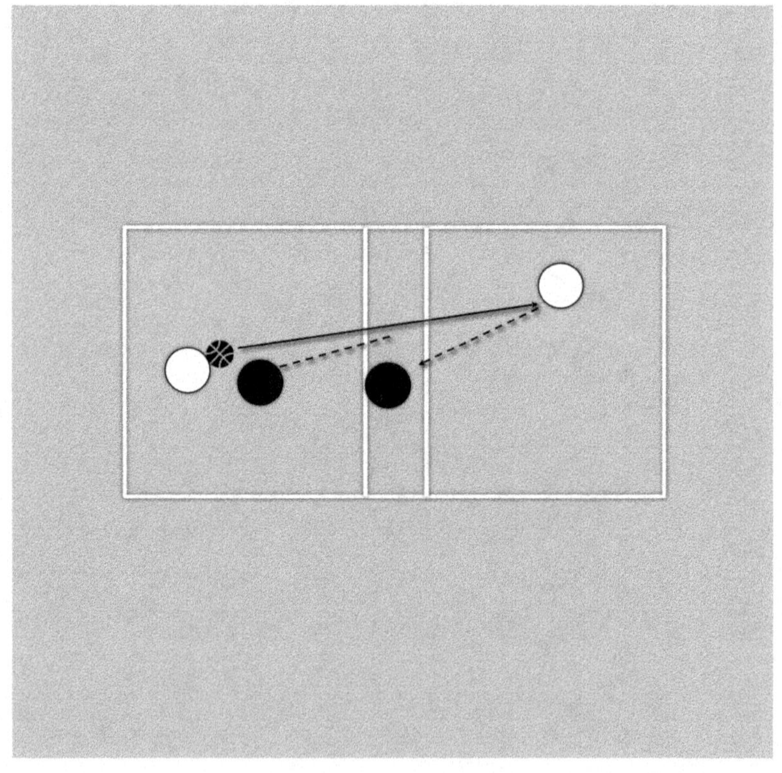

Tarea N° 19	Objetivo Principal	Mejora del pase
	Jugadores	5 (2x3)

Explicación

Los jugadores situados como en la imagen se pasarán el balón entre ellos, en el centro un jugador intentará interceptar el pase pudiendo moverse de manera lateral en el pasillo y otro por detrás de cada uno de ellos entrará a presionar cuando reciban, cuando no esté el balón en el cuadrado estarán fuera.

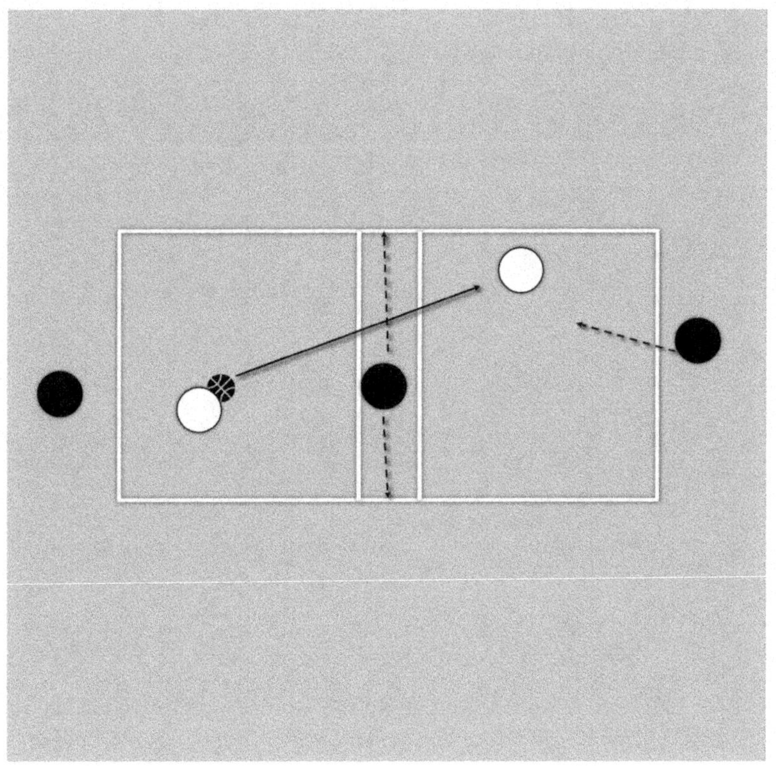

Tarea N° 20	Objetivo Principal	Mejora del pase
	Jugadores	3

Explicación

Los jugadores situados como en la imagen se pasarán el balón entre ellos, en el centro un jugador intentará interceptar el pase pudiendo moverse de manera lateral en el pasillo. El jugador número 3 tendrá que desmarcarse al pasillo para recibir y devolver al compañero.

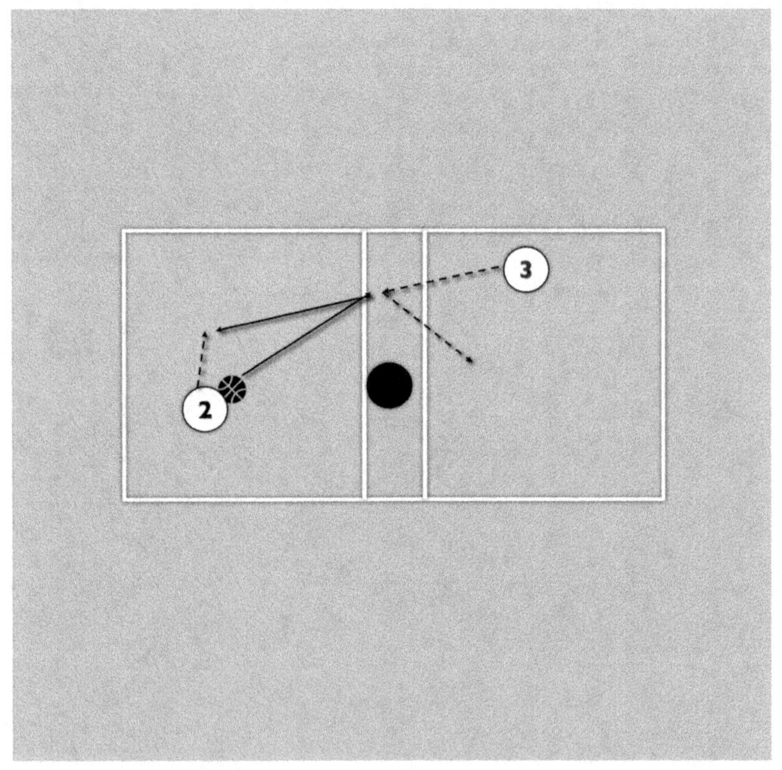

Tarea N° 21	Objetivo Principal	Mejora del pase
	Jugadores	4 (2x2)

Explicación

Los jugadores situados como en la imagen. Los jugadores del equipo blanco se pasarán el balón entre ellos, en el centro un jugador intentará interceptar el pase pudiendo moverse de manera lateral en el pasillo y otro en la zona donde esta el jugador numero 3. El jugador número 3 tendrá que desmarcarse a cualquiera de los pasillos para recibir y devolver al compañero. El jugador 2 sólo podrá jugar en el pasillo central o en su cuadrado.

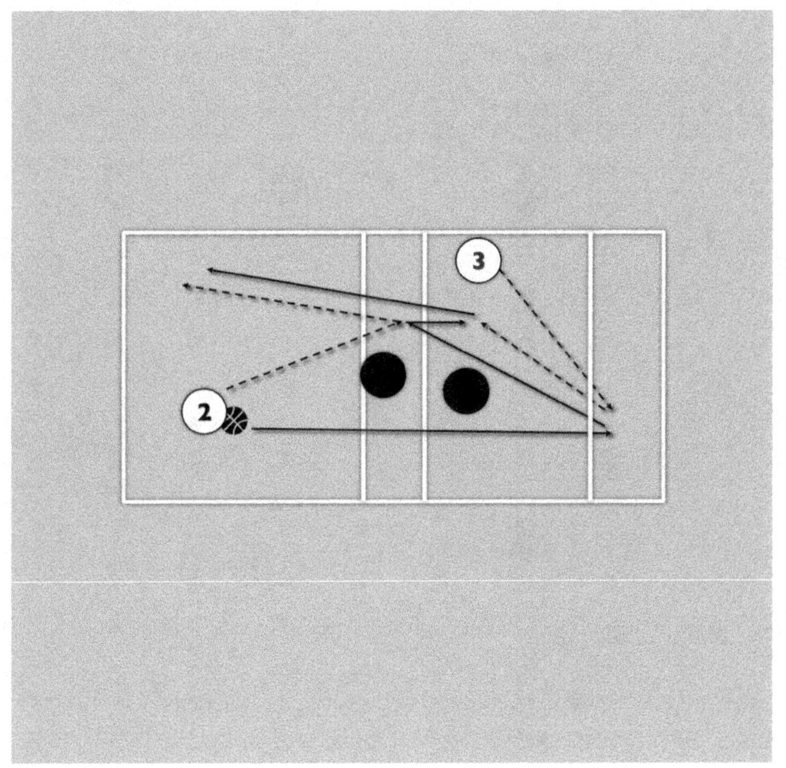

Tarea N° 22	Objetivo Principal	Mejora del pase
	Jugadores	9 (2x1+6)
	Explicación	

Los jugadores situados como en la imagen se pasarán el balón entre ellos, en el centro un jugador intentará interceptar el pase pudiendo moverse de manera lateral en el pasillo y los otros tres que están alrededor de cada uno de ellos, intentarán anticipar los pases no pudiendo entrar a presionar.

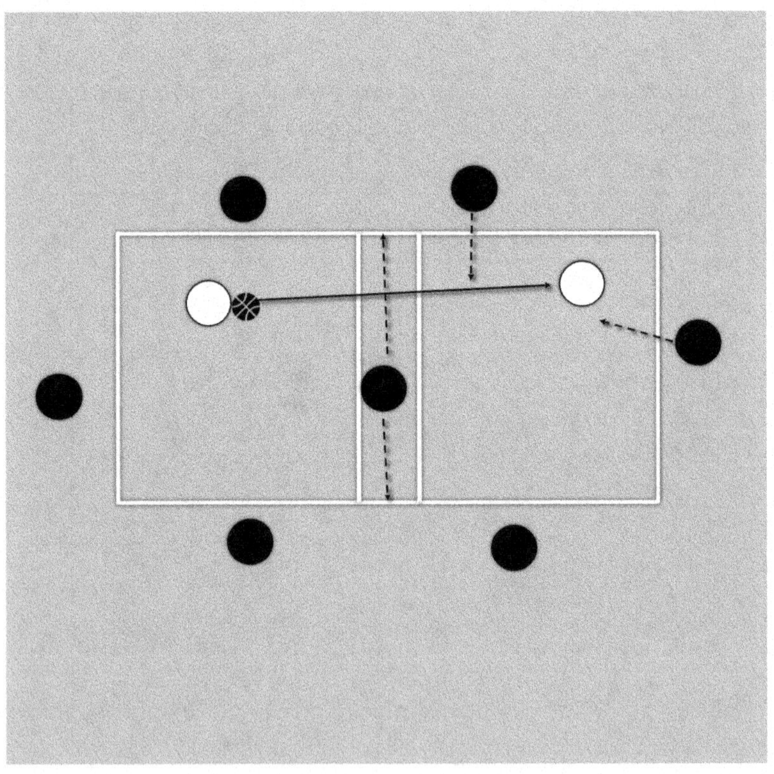

Tarea N° 23	Objetivo Principal	Mejora del pase
	Jugadores	7 (4x3)

Explicación

Los jugadores situados como en la imagen se pasarán el balón entre ellos, en el centro un jugador entrará a presionar, cuando lo haga pasarán al hombre libre de la otra zona para seguir manteniendo el balón, esperando liberar a un compañero para pasar.

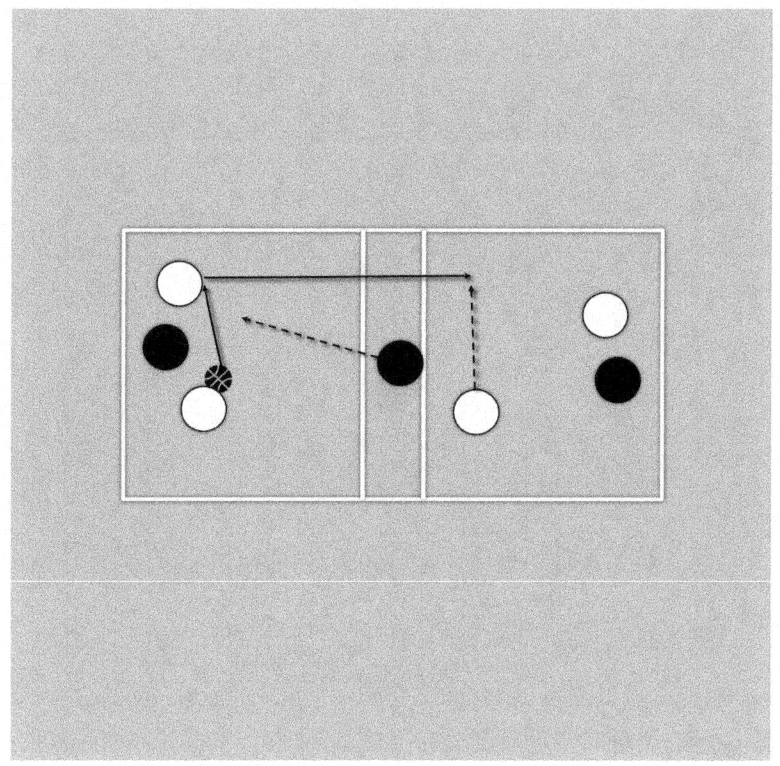

Tarea Nº 24	Objetivo Principal	Mejora del pase
	Jugadores	6 (2+2x2)

Explicación

Los jugadores situados como en la imagen se pasarán el balón entre ellos, en el centro los jugadores irán a presionar pero sólo pueden hacerlo a una de las zonas. Los jugadores con balón cuando atraigan al rival pasarán al otro cuadrado el balón para no perderlo.

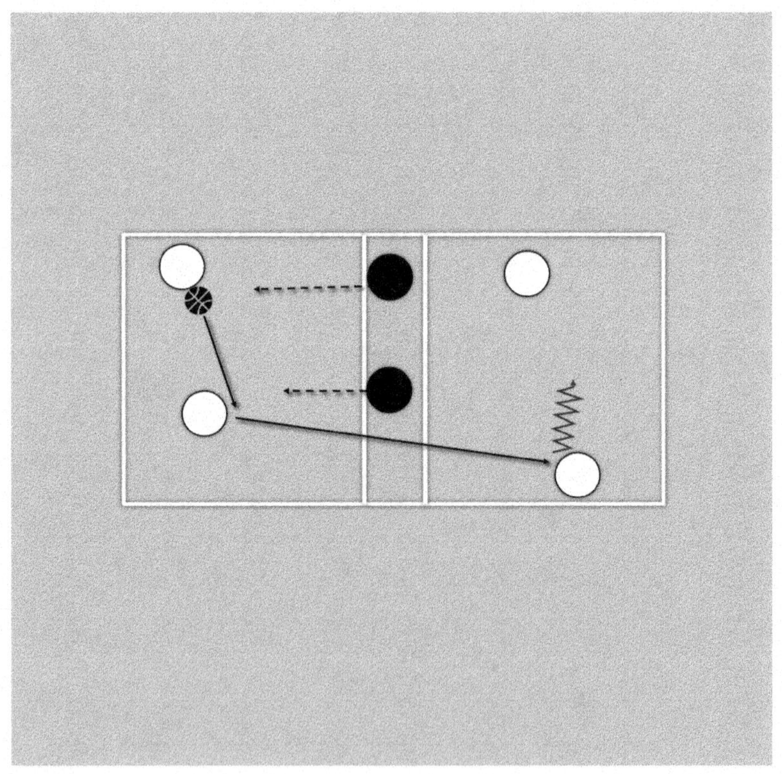

Tarea N° 25	Objetivo Principal	Mejora del pase
	Jugadores	5 (2x3)

Explicación

Los jugadores situados como en la imagen se pasarán el balón entre ellos, en el centro un jugador intentará interceptar el pase pudiendo moverse de manera lateral en el pasillo e intercambiar posiciones con los otros dos jugadores que están en una de las zonas. Los jugadores que están pasando ocuparan y pasarán al espacio que les dejen libres los rivales que podrán cambiar de zona durante el pase, solo de manera previa a que se produzca, pero si podrán interceptar en todo momento dentro de su zona

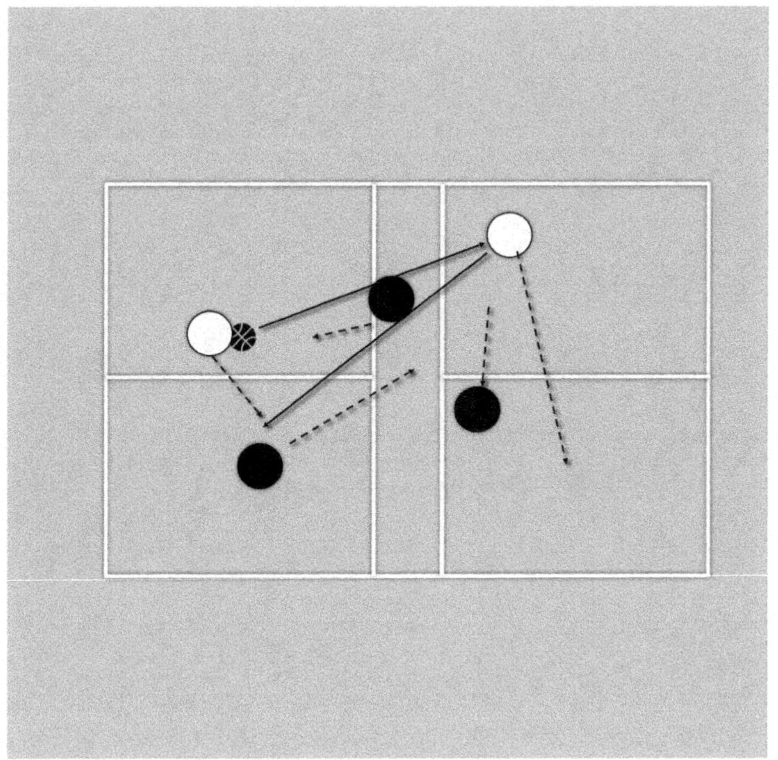

Tarea N° 26	Objetivo Principal	Mejora del pase
	Jugadores	7 (4x3)
Explicación		

Los jugadores situados como en la imagen se pasarán el balón entre ellos, en el centro los jugadores cada uno en un pasillo intentarán interceptar el pase pudiendo moverse de manera lateral en su pasillo

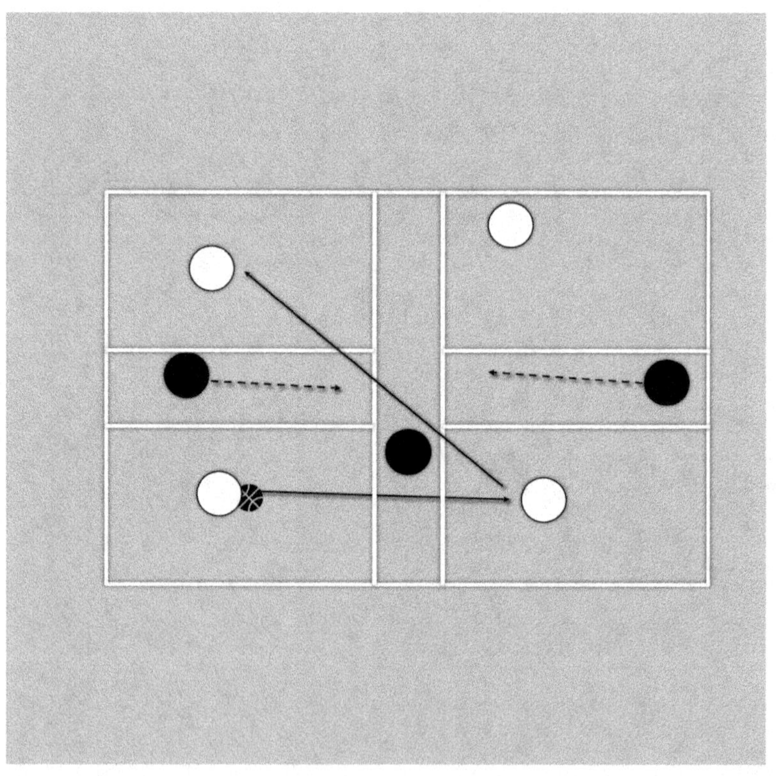

Tarea N° 27	Objetivo Principal	Mejora del pase
	Jugadores	7 (4x3)

Explicación

Los jugadores situados como en la imagen se pasarán el balón entre ellos, en el centro los jugadores cada uno en un pasillo intentarán interceptar el pase pudiendo moverse de manera lateral en su pasillo y pudiendo entrar uno a presionar en las zonas de los jugadores del equipo blanco

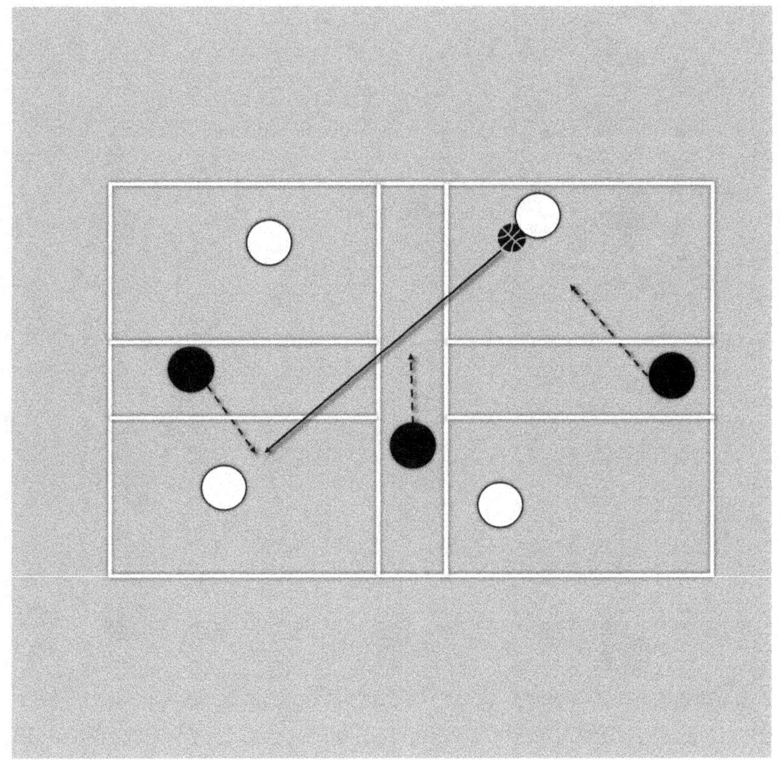

Tarea Nº 28	Objetivo Principal	Mejora del pase
	Jugadores	14

Explicación

Dentro del área los jugadores se pasan el balón por parejas y 3 parejas se pasan el balón desde los laterales intentando que llegue al compañero sin tocar ni los balones ni los jugadores que están dentro del rectángulo. Si el balón toca en uno de los que está dentro cambian el rol las parejas.

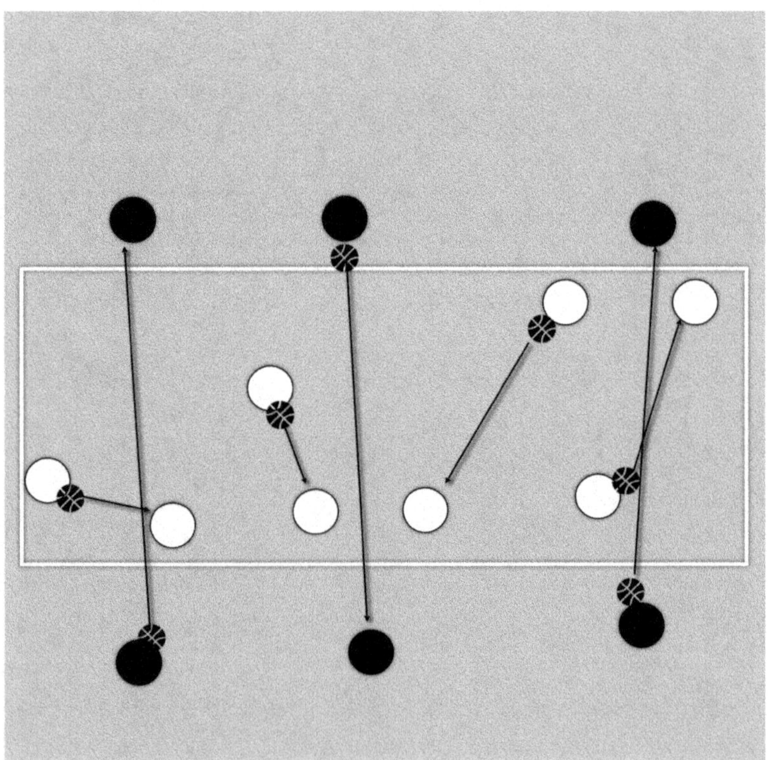

Tarea N° 29	Objetivo Principal	Mejora del pase
	Jugadores	13

Explicación

En la disposición de la imagen, los jugadores pasan al compañero que tienen en frente y tres jugadores intentan interceptar. Si interceptan cambian los roles.

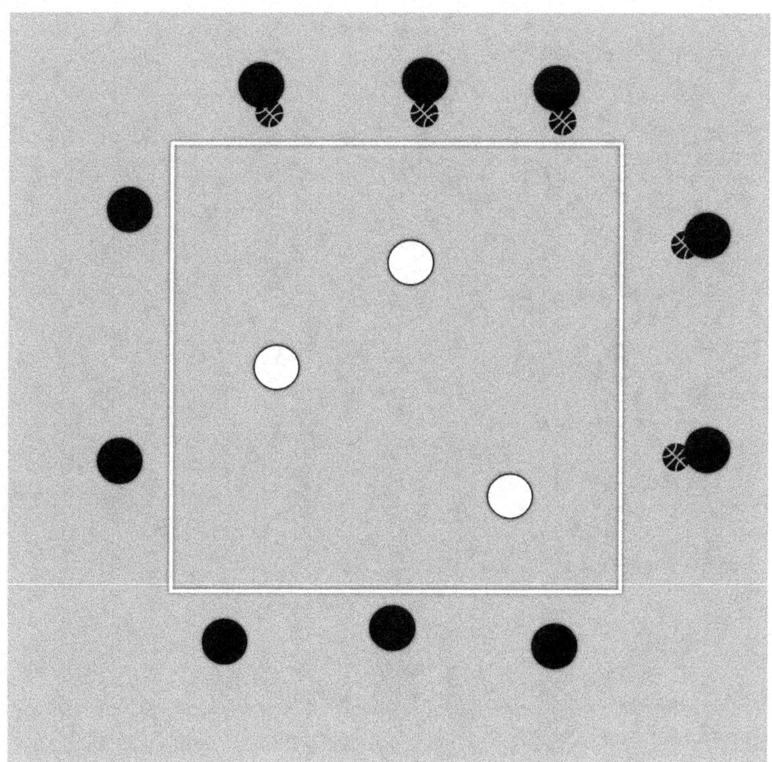

Tarea N° 30	Objetivo Principal	Mejora del pase
	Jugadores	14

Explicación

Dentro de un rectángulo los jugadores se pasan el balón por parejas y 6 jugadores por fuera, alrededor del rectángulo, sólo podrán entrar a interceptar los pases, no podrán entrar para presionar. Al jugador que le intercepten el pase cambiará el rol con el de fuera.

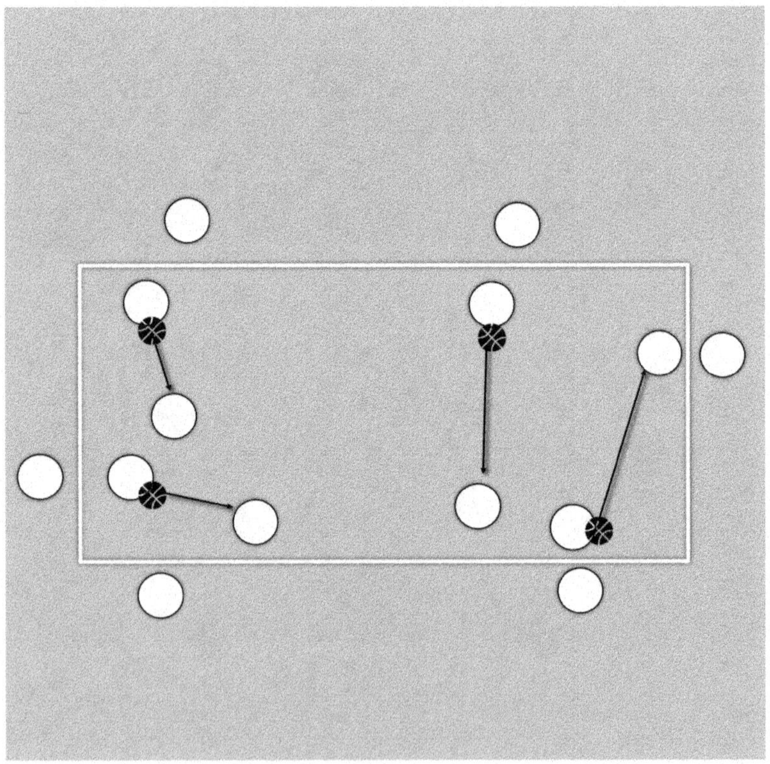

Tarea N° 31	Objetivo Principal	Mejora del pase
	Jugadores	2

Explicación

Los jugadores de dirigen al cono del centro y el que no tiene balón se dirigirá   hacia un lado (derecha o izquierda) cuando llegue y el otro le pasará el balón a donde se dirija.

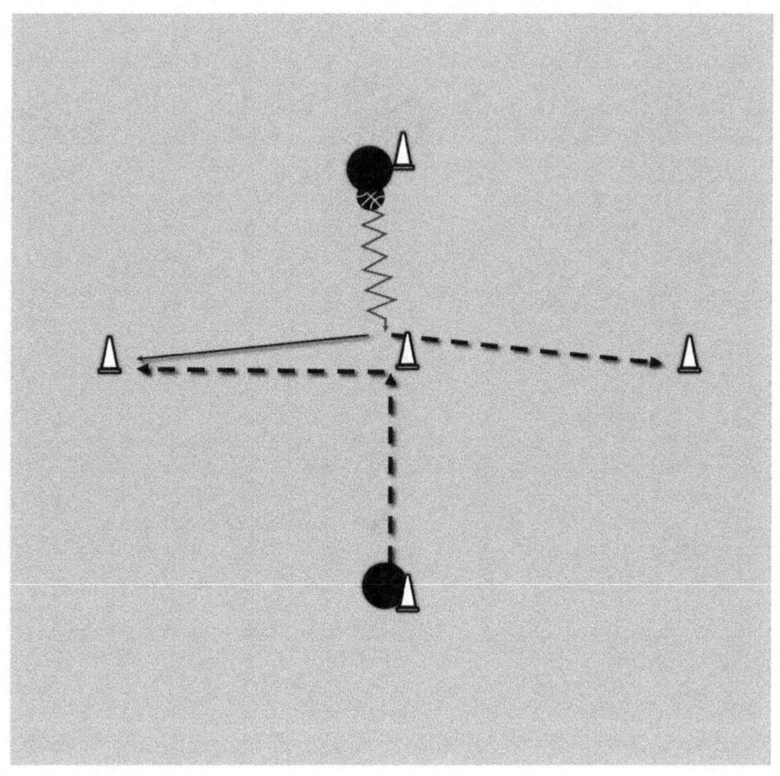

Tarea N° 32	Objetivo Principal	Mejora del pase
	Jugadores	2 (1+1)

Explicación

El jugador que no tiene balón se desplaza hacia uno de los conos y el que tiene balón le pasa hacia el que se dirija.

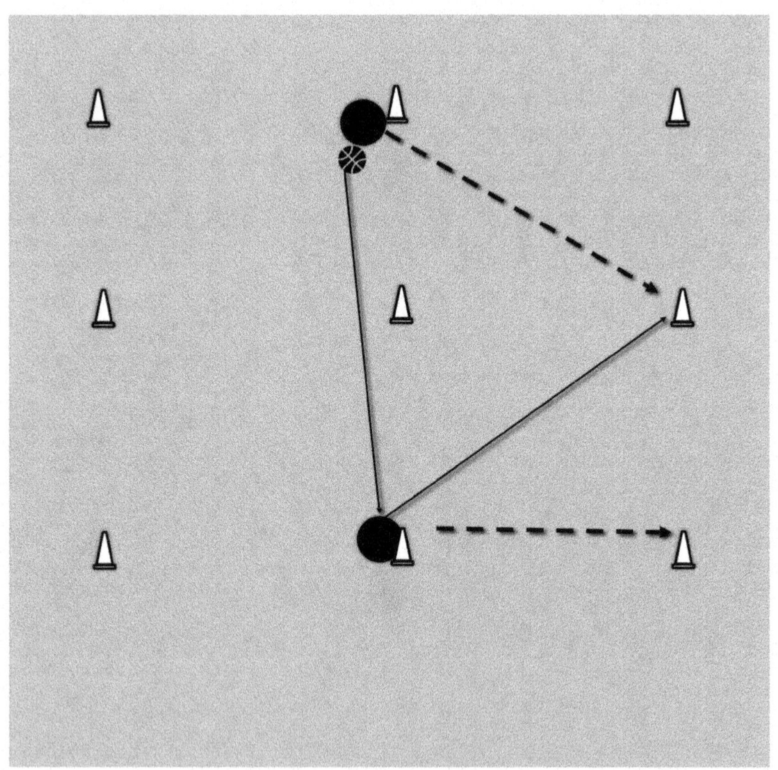

Tarea N° 33	Objetivo Principal	Mejora del pase
	Jugadores	7 (4x3)

Explicación

Los jugadores distribuidos como en la imagen. Los jugadores blancos se pasan el balón, teniendo un jugador libre en un cuadrado. El jugador que tiene el balón (blanco), recibirá la presión de un jugador, dejando libre a un compañero en un cuadrado para poder pasarle el balón.

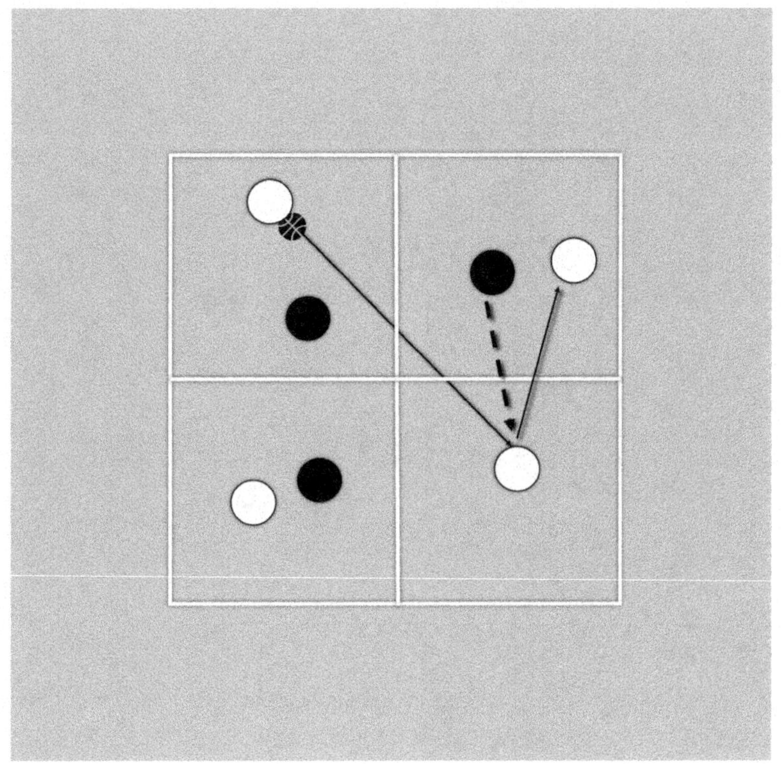

Tarea N° 34	Objetivo Principal	Mejora del pase
	Jugadores	9 (4x4+C)

Explicación

Los jugadores distribuidos como en la imagen. Los jugadores del equipo blanco podrán presionar y tendrán libertad de movimientos para recuperar. Los jugadores del equipo negro cada uno en un cuadrado no podrán salir y apoyados por el comodín mantendrán la posesión del balón buscando al jugador libre. Cuando pierdan el balón cambiarán los roles.

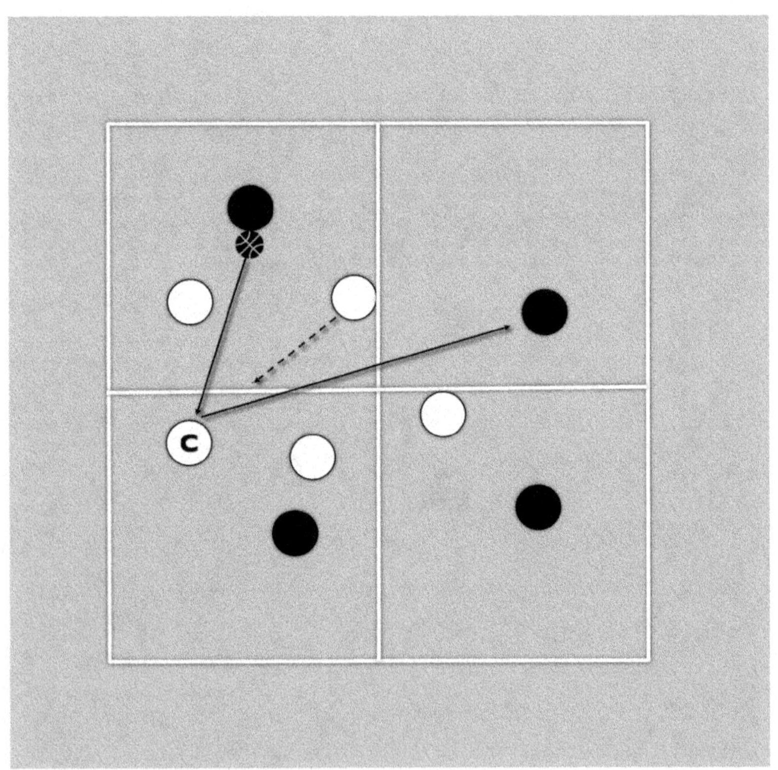

Tarea N° 35	Objetivo Principal	Mejora del pase
	Jugadores	10 (4x4+2C)

Explicación

En un cuadrado dividido en cuatro partes iguales distribuidos los jugadores como en la imagen (uno de cada equipo en cada división). Los comodines tendrán libertad de movimientos y participarán con el equipo poseedor del balón. En el equipo sin balón podrán salir los jugadores a presionar y abandonar su cuadrado para ayudar a un compañero que esté intentando recuperar en inferioridad numérica. El equipo poseedor, una vez que atraiga y libere a un compañero pasará para seguir manteniendo el balón. Si recuperan el balón cambian los roles.

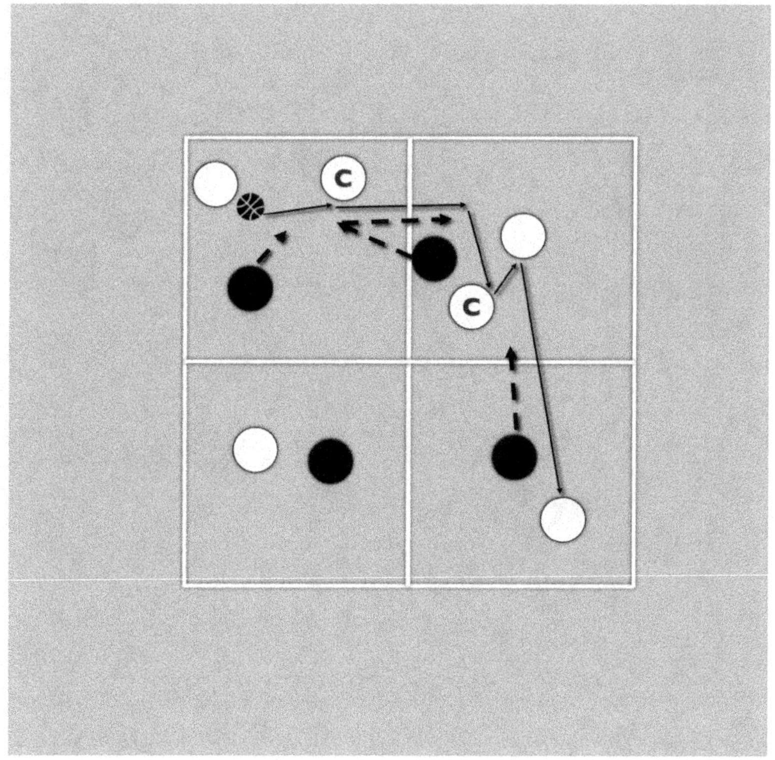

Tarea N° 36	Objetivo Principal	Mejora del pase
	Jugadores	13 (4x4+5)

Explicación

Jugarán 4 contra 4 en el interior del cuadrado y habrá 4 comodines exteriores y un comodín en el cuadrado del centro que participarán con el equipo que no tiene balón. Los comodines, solo podrán entrar en el cuadrado para anticipar y pasar al equipo que recuperó. Siempre serán del equipo que no tiene el balón.

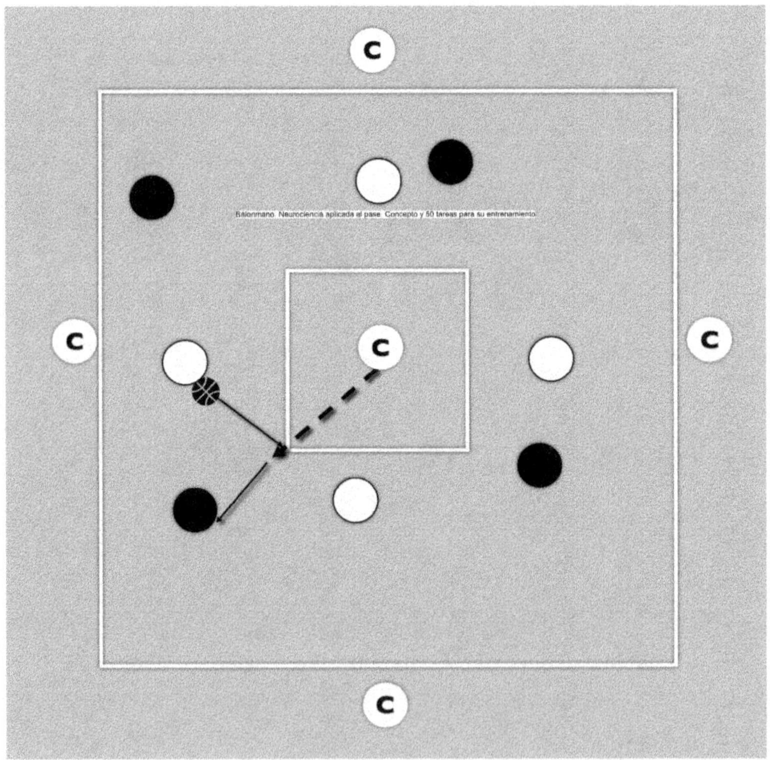

Tarea N° 37	Objetivo Principal	Mejora del pase
	Jugadores	10 (5x4+1)

Explicación

Un equipo se pasa el balón y provoca para que el rival entre a presionar al cuadrado. El equipo que está fuera se coordina para entrar a presionar y cuando lo hacen el equipo que tiene el balón pasará al jugador del otro cuadrado (si entra un solo jugador dentro a presionar podrán pasar el balón al otro cuadrado). Cuando reciba el jugador libre en el otro cuadrado esperará a que todos sus compañeros menos uno, que quedará donde empezaron para esperar el pase, vengan al cuadrado a mantener el balón. El otro equipo tendrá que entrar a presionar en el otro cuadrado y ellos encontrar al jugador libre. Si roban o interceptan el balón cambiarán los roles.

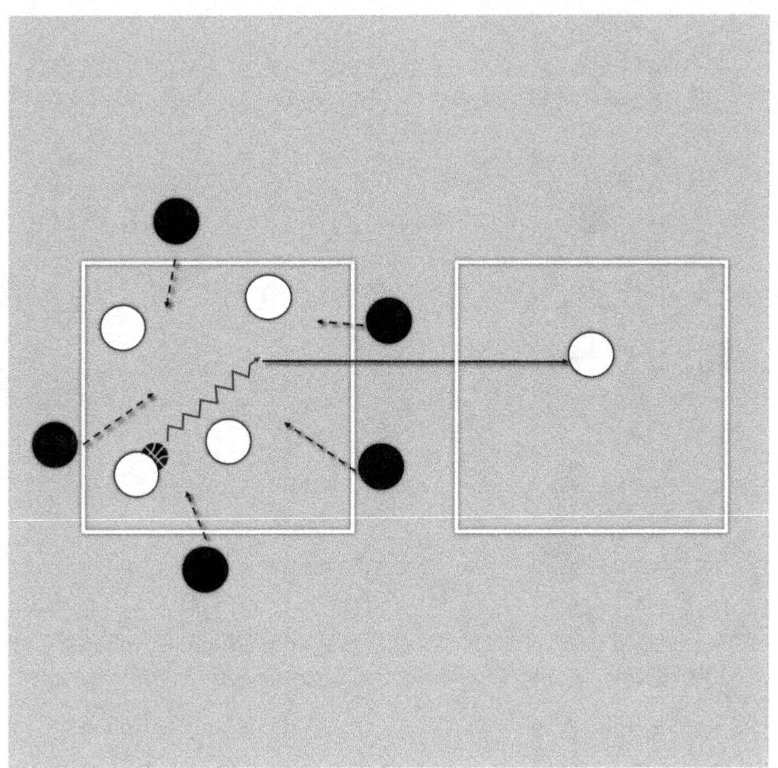

Tarea N° 38	Objetivo Principal	Mejora del pase
	Jugadores	9 (4x4+C)

Explicación

Un equipo tiene el balón y provoca para que el rival entre a presionar al cuadrado pasándose el balón. El equipo que está fuera se coordina para entrar a presionar dejando uno o más jugadores entre los cuadrados para interceptar y cuando entran a presionar el equipo que tiene el balón jugará con el comodín del otro cuadrado. Si entra un solo jugador dentro a presionar podrán pasar el balón al otro cuadrado. Cuando reciba el comodín, les dejará allí el balón, se irá al al cuadrado donde empezaron y de nuevo el otro equipo tendrá que entrar a presionar en el otro cuadrado (dejando jugadores para interceptar) y el equipo blanco pasar cuando lo hagan. Si roban o interceptan el balón cambiarán los roles.

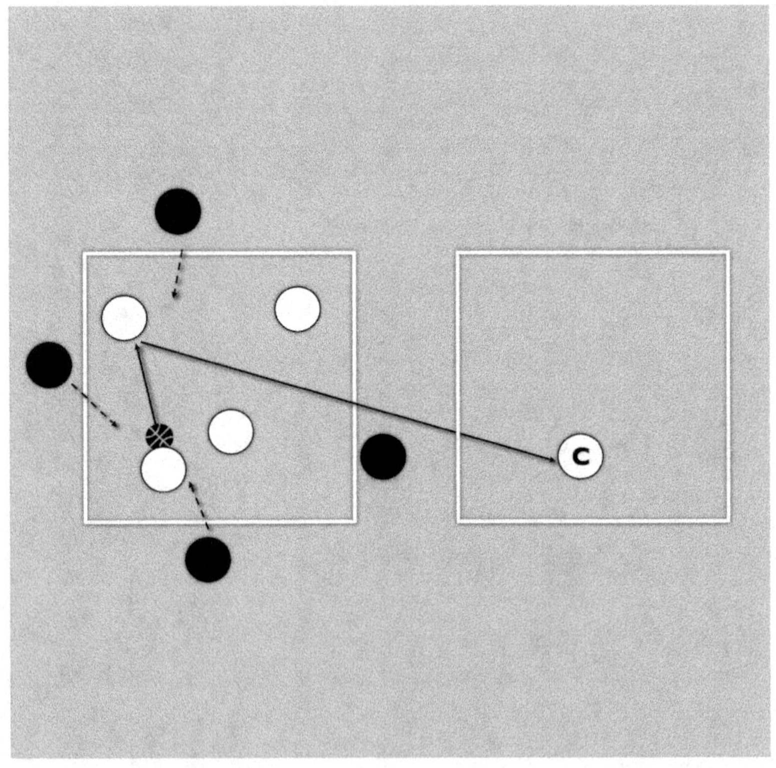

Tarea N° 39	Objetivo Principal	Mejora del pase
	Jugadores	5

Explicación

El jugador del cuadrado pasa el balón al jugador que se adelantará al contrario (este no podrá reaccionar hasta que no lo vea) que le presionará para que no pueda pasar de nuevo junto con otro jugador más. El jugador que irá a presionar irá variando en cada ocasión de manera aleatoria, para evitar el pase y el tiro a canasta.

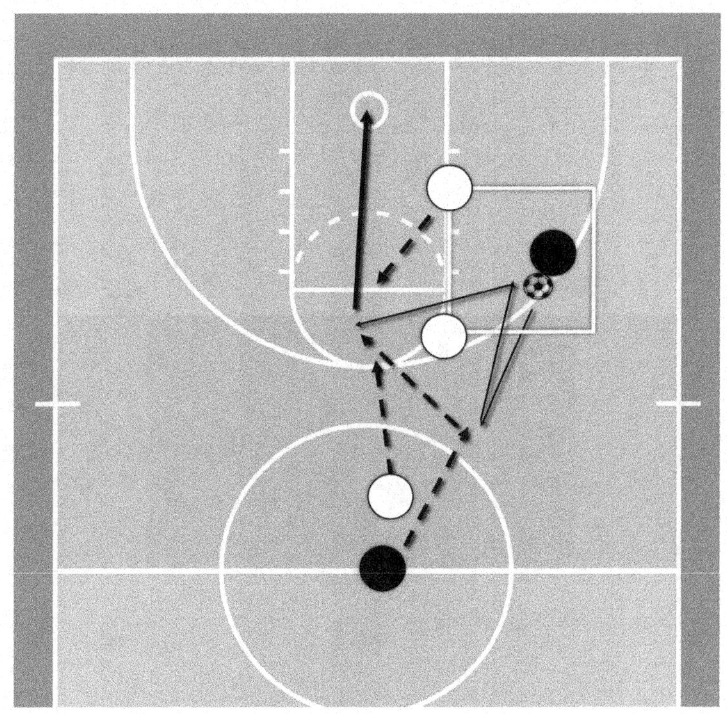

Tarea N° 40	Objetivo Principal	Mejora del pase
	Jugadores	6

Explicación

El jugador con balón conducirá hacia la canasta y uno de los jugadores rivales que están con un jugador del equipo negro irá a evitar el tiro, liberando al compañero marcado. El jugador de atrás irá a marcar al jugador liberado. El jugador que conduce intentará tomar la mejor solución para atacar la canasta junto con el compañero liberado.

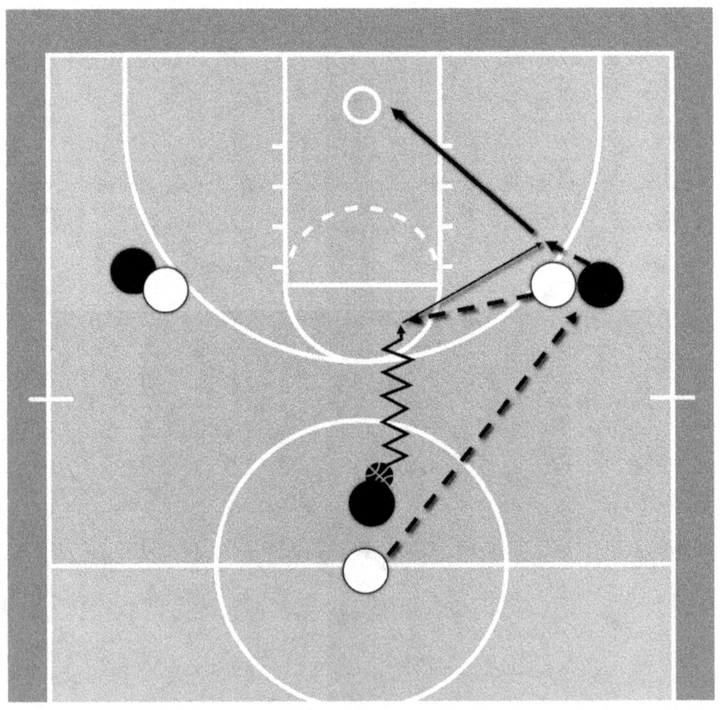

Tarea N° 41	Objetivo Principal	Mejora del pase
	Jugadores	8

Explicación

Los jugadores distribuidos como en la imagen. Los dos jugadores del centro pasan el balón para atraer a dos jugadores rivales que irán a presionarles (irán cambiando en cada ocasión el lugar de donde van a presionar). Cuando vayan a la presión podrán pasar a uno de los compañeros de las esquinas para atacar una de las canastas.

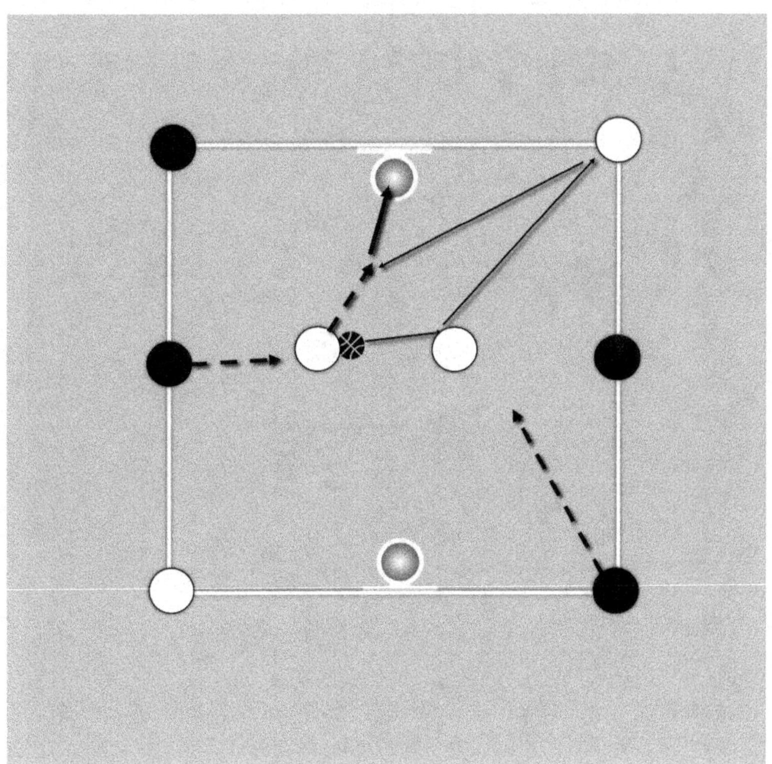

Tarea N° 42	Objetivo Principal	Mejora del pase
	Jugadores	6

Explicación

Dos jugadores se pasan el balón y cuando uno de los rivales es atraído a la presión pasan al jugador liberado para que pueda tirar a canasta.

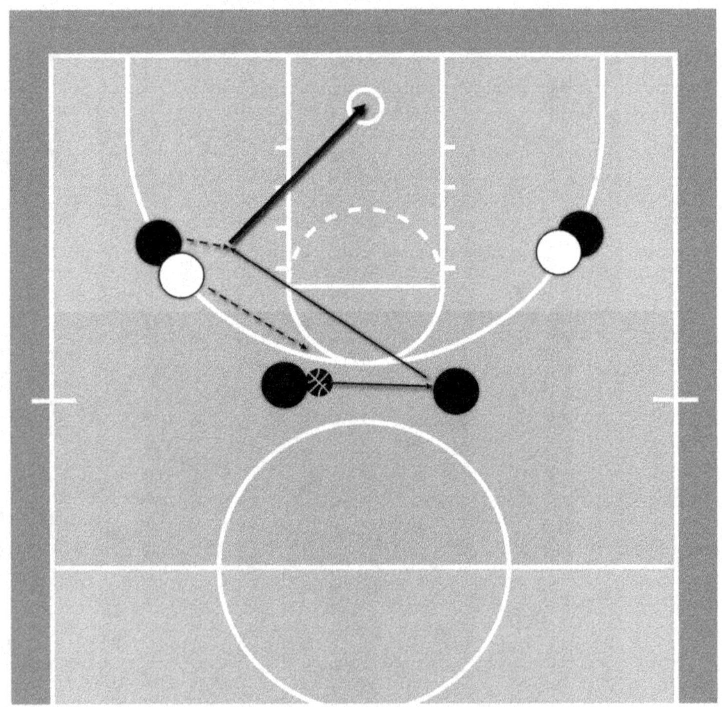

Tarea N° 43	Objetivo Principal	Mejora del pase
	Jugadores	7

Explicación

Los jugadores distribuidos como en la imagen. Cuando el jugador recibe el balón del compañero tiene que recepcionar orientado sacando el balón del cuadrado, lejos del alcance de los dos jugadores que irán a presionarle para pasar al otro compañero. Los dos jugadores que irán a presionarle variarán el lugar desde el que presionarán junto con el que va a recibir de manera aleatoria.

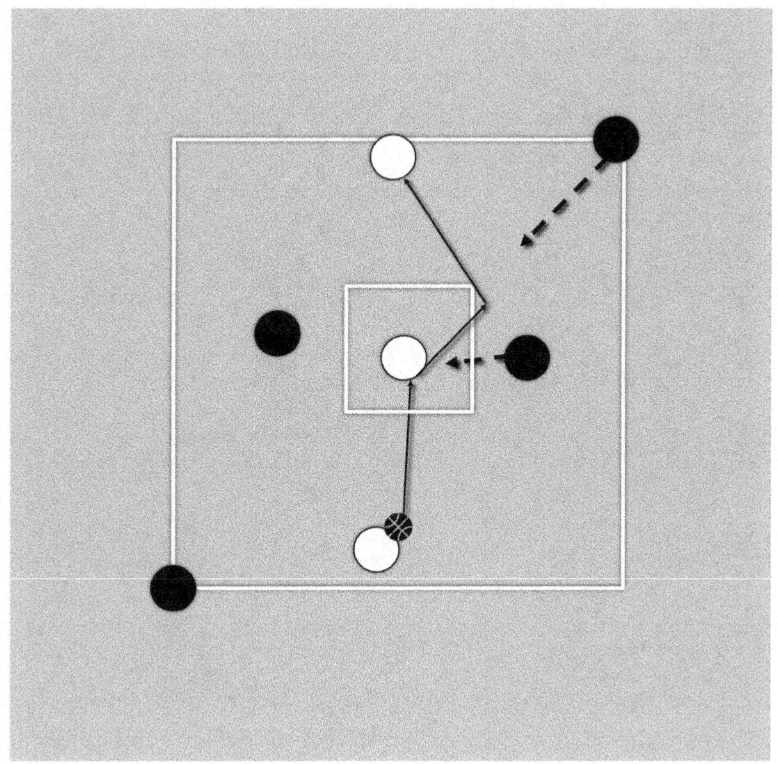

Tarea N° 44	Objetivo Principal	Mejora del pase
	Jugadores	5

Explicación

Los jugadores distribuidos como en la imagen. Cuando el jugador recibe del compañero tiene que recepcionar orientado, sacando el balón del cuadrado para pasar al jugador que no le presionó y los otros 2 jugadores irán a presionarle. Los jugadores cambiarán los roles de presionar o esperar el pase entre ellos para no repetir la acción de manera aleatoria y que el jugador que recepciona, decida cómo sacar el balón para poder pasar al compañero.

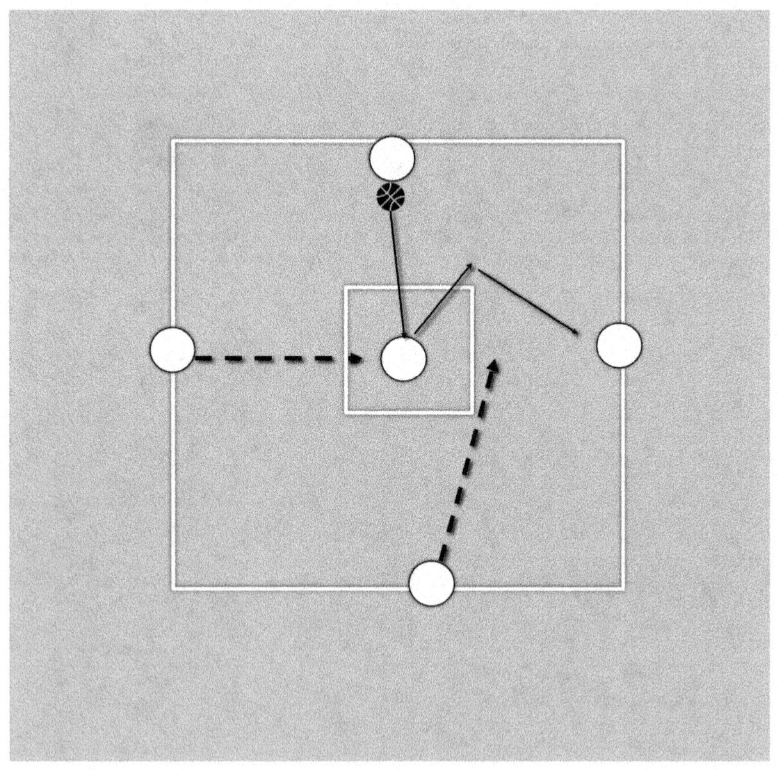

Tarea N° 45	Objetivo Principal	Mejora del pase
	Jugadores	7

Explicación

Los jugadores distribuidos como en la imagen. Cuando el jugador del centro recibe del que tiene el balón tiene que pasar al compañero que está bajo una canasta y dos jugadores irán a presionarle, sólo dentro del cuadrado. Irán variando de canasta, al igual que los jugadores que vayan a presionar.

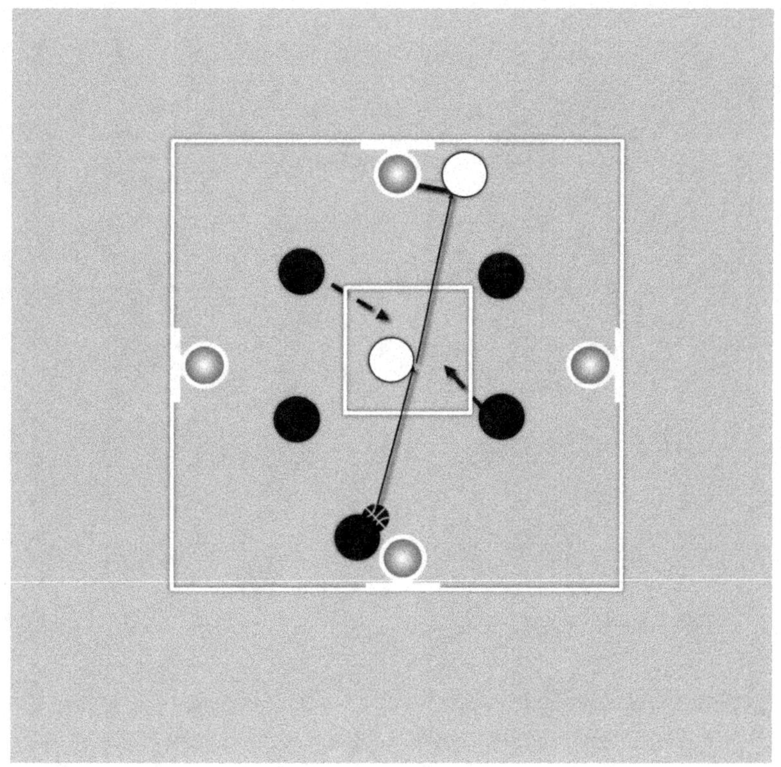

Tarea Nº 46	Objetivo Principal	Mejora del pase
	Jugadores	7

Explicación

Los jugadores distribuidos como en la imagen. El jugador del centro tiene el balón e intenta atraer a dos jugadores rivales que irán a presionarle (irán alternando el lugar desde el que lo harán). Cuando vayan a la presión podrá pasar a uno de los compañeros de las esquinas para atacar una de las canastas.

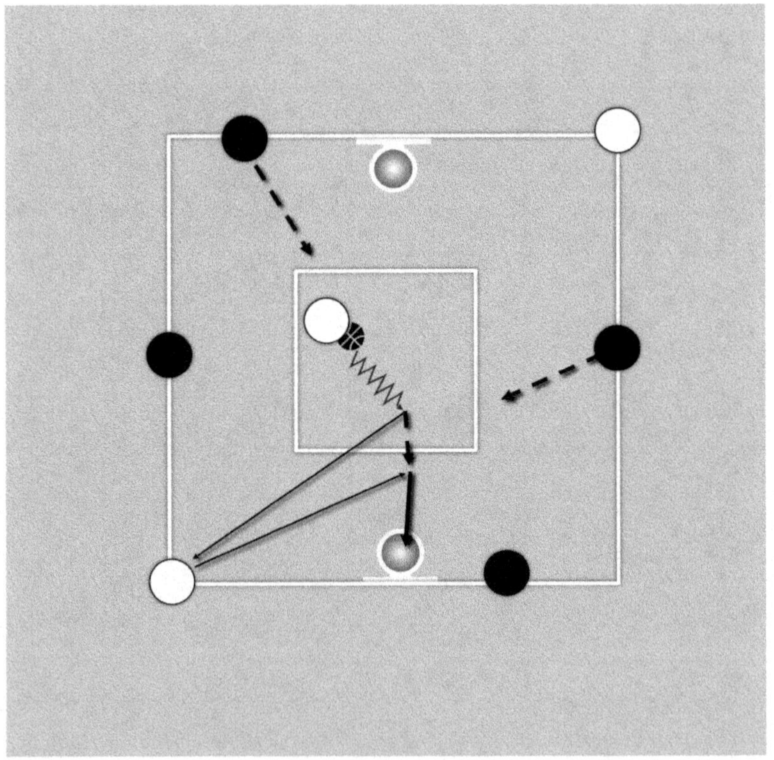

Tarea N° 47	Objetivo Principal	Mejora del pase
	Jugadores	9

Explicación

Los jugadores distribuidos como en la imagen. El jugador del centro tiene el balón e intenta atraer a   dos jugadores rivales que irán a presionarle (irán alternando el lugar desde el que lo harán). Cuando vayan a la presión podrá pasar a los compañeros de los laterales para atacar una de las canastas defendidas también por un jugador bajo ellas.

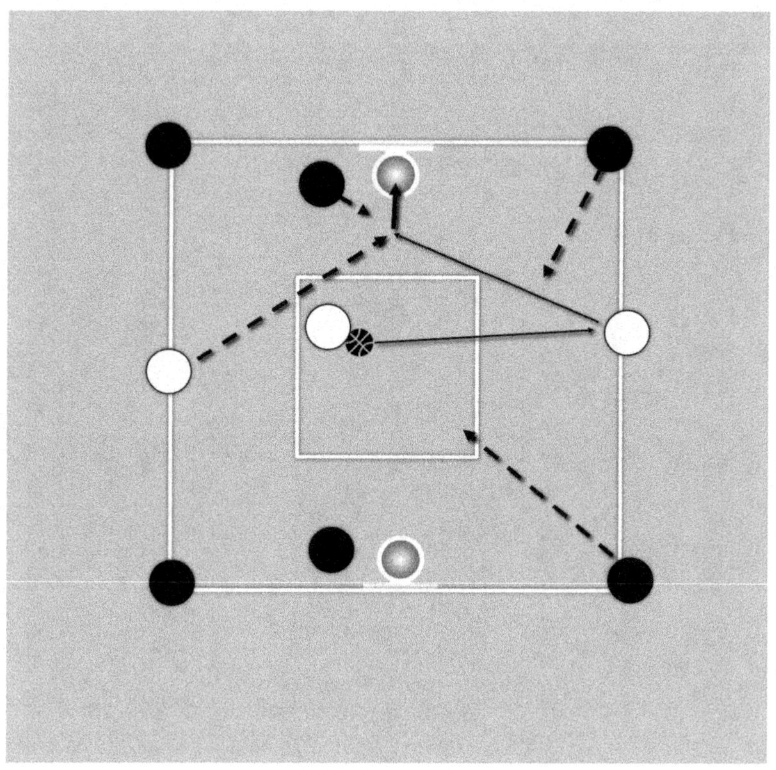

Tarea N° 48	Objetivo Principal	Mejora del pase
	Jugadores	8

Explicación

Los jugadores se distribuyen como en la imagen. Pasan dos jugadores el balón(equipo negro) en un cuadrado provocando que entren a presionar los jugadores del otro equipo (blanco). Cuando entran a presionar, los jugadores del equipo negro pasarán a uno de los dos jugadores que están fuera, salen para atacar y todo el equipo negro atacará la canasta que defienden los jugadores del equipo blanco.

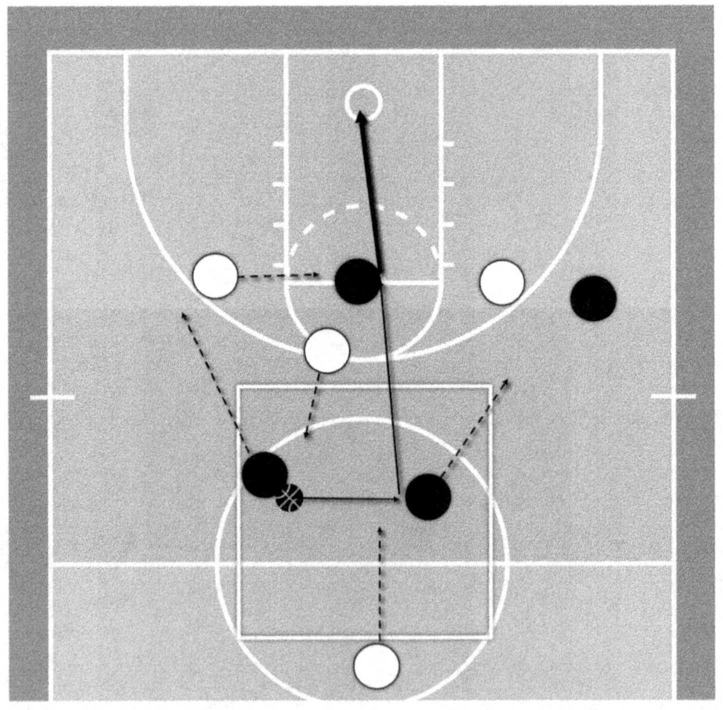

Tarea N° 49	Objetivo Principal	Mejora del pase
	Jugadores	10

Explicación

En un rectángulo dividido en tres campos iguales, los jugadores se distribuirán dos en la zona central y uno sobre la línea. Los jugadores sobre las líneas solo podrán interceptar pases en defensa y en ataque participarán como apoyos. Los jugadores de los vértices participarán haciendo desmarques constantemente de manera aleatoria cuando su equipo tiene el balón para que los del centro les pasen el balón. Si reciben serán presionados por los de las líneas.

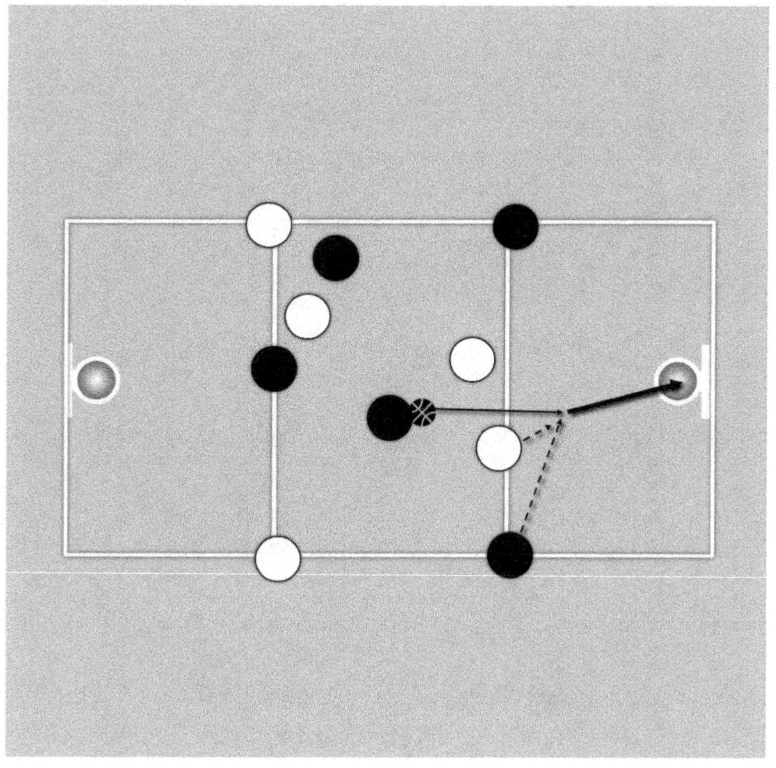

Tarea N° 50	Objetivo Principal	Mejora del pase
	Jugadores	10

Explicación

Los equipos cuando pierden el balón repliegan colocándose sobre la línea de zona un numero de jugadores distintos en cada ocasión. Los demás estarán por delante para evitar que pasen el balón al jugador rival que se colocará dentro de la zona.

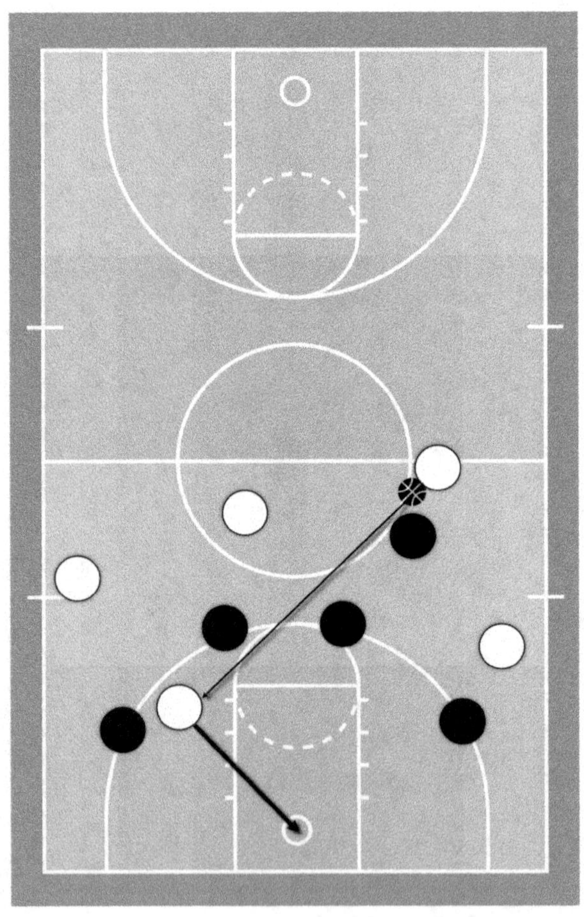

BIBLIOGRAFÍA

- Alarcón, F.; Cárdenas, D.; Clemente, V.; Collado, J. A. (Coord.); Guillén, J. C.; Jiménez, M.; Lázaro J.; Mercadé, O.; Ardoy, D. N.; Rivilla, I. y Sánchez, M. (2018): *Neurociencia, deporte y educación*. Editorial Wanceulen.

- Ballarini, F. (2016): *REC: Porqué recordamos lo que recordamos y olvidamos lo que olvidamos*. Editorial Debate.

- Bargh, J. (2018): ¿Por qué hacemos lo que hacemos?: el poder del inconsciente. Editorial Ediciones B.

- Caballero, M. (2017): *Neuroeducación de profesores y para profesores: De profesor a maestro de cabecera*. Editorial Ediciones Pirámide.

- Camacho Larrazaga, P. y Martín Barrero, A. (2019): *La enseñanza de los deportes de invasión en la educación física. Una propuesta basada en el baloncesto*. Editorial Wanceulen.

- Crespo García, Manuel J. (2020): *Neurociencia aplicada al fútbol. Propuesta práctica*. Editorial Wanceulen.

- Espar, Xesco (2010): *Jugar con el corazón: La excelencia no es suficiente*. Plataforma Editorial.

- García Nozal, J M. (2006): *Baloncesto: Ejercicios para el entrenamiento del tiro*. Editorial Wanceulen.

- García Nozal, J M. (2008): *Baloncesto: Ejercicios para el entrenamiento de la defensa y el contraataque*. Editorial Wanceulen.

- García Nozal, J M. (2008): *Baloncesto: Ejercicios para el entrenamiento del bote, rebote y pase*. Editorial Wanceulen.

- Garganta, J. y Pinto, J. en Graça, A. y Oliveira, J. (1997): *La enseñanza de los juegos Deportivos*. Editorial Paidotribo.

- Giménez Fuentes-Guerra, Francisco Javier (2003): *La formación del entrenador en la iniciación al baloncesto*. Editorial Wanceulen.

- Giménez Fuentes-Guerra, Francisco Javier y Saénz-López Buñuel, Pedro (2004): *Aspectos teóricos y prácticos de la iniciación al baloncesto*. Editorial Wanceulen.

- Gómez Ruano. M. A.; Lorenzo Calvo, A. y Da Eira Sampaio, A. J. (2010): *Estudio observacional de la competición en Baloncesto: ¿Cuáles son las posesiones más eficaces?* Editorial Wanceulen.

- Ibáñez Godoy, S.; Feu, S. y García-Rubio, J. (2020): *Los procesos de formación y rendimiento en Baloncesto: Progresos científicos para su mejora*. Editorial Wanceulen.
- Jackson, Phil (2014): *Once anillos*. Editorial Roca.
- Jozami, Silvina (2019): *Potenciando tu mente deportiva. Neurociencia simple para transforma el rendimiento deportivo*. Editorial Caligrama.
- Marí, Pep (2011): Aprender de los campeones. Plataforma Editorial.
- Marí, Pep (2019): *Equipos campeones: Como convertir un buen equipo en uno mucho mejor*. Editorial Plataforma Impresa.
- Martín Barrero, A. y Camacho Larrazaga, P. (2019): *Nuevas tendencias en entrenamiento y planificación*. Editorial Wanceulen.
- Mora, F. (2014): *¿Cómo funciona el cerebro?* Alianza editorial.
- Mora, F. (2017): *Neuroeducación: sólo se puede aprender de aquello que se ama*. Alianza editorial.
- Navarro Valdivieso, F.; González Ravé, J. M. y Pablos Abella, C. (2014): *Entrenamiento Deportivo. Teoría y Práctica*. Editorial Médica Panamericana.
- Pérez, Marcial (2019): *Mente Deportiva: Entrenar el cerebro para extender los límites del rendimiento*. Autoría Editorial.
- Revuelta Candón, Amalia (2016): *El cerebro decide*. Editorial Fútbol Táctico.
- Tamorri, Stéfano (2004): *Neurociencias y deporte. Psicología deportiva. Procesos mentales del atleta*. Editorial Paidotribo.